하동송림 찬가

나의 시는 송림 사랑하는 과정의 기록이고, 송림을 하동의 자랑으로 삼고 싶은 마음의 이야기

최증수 제5시집

하동송림 찬가

문학 춘하추동

배옥이 할머니를 모신 가족 사진

자서(自序)

나의 시는 송림 사랑하는 과정의 기록이고, 송림을 하동의 자랑으로 삼고 싶은 마음의 이야기다.
그리고 나뭇가지가 붉은색을 띈 소나무의 강렬함을 칭송하는 뜻에서 송림의 한국적송을 '태양송'으로 부르고 싶다.
사진작가 강태진님께서 귀한 사진들을 사용토록 허락해 주시어 아름다운 시집이 되었습니다. 깊이 감사드립니다.

2025년 여름, 인연에 감사하며
송림散人 최 증 수

이호신 화백 〈하동 섬진강〉 작품

| 차례 |

| 자서(自序) | ·· 5

첫 번째 이야기 아름다운 송림
한국적송 찬가 ··· 12
송림공원의 태양송 ··· 14
보호수 해송 한 그루 ·· 15
송림 지킴이 ··· 16
솔바람 ··· 17
해질녘의 송림공원 ··· 18
소나무 그늘을 좋아한다. ··· 20
소나무 같은 사람 ··· 23
뜨거운 여름날의 송림 ·· 24
밤의 송림 ·· 26
우리 모두 마음속에 소나무가 있다 ·························· 27
아름다운 소나무 ·· 28
상처와 아픔과 사랑 ··· 30
죽음이 널브러진 송림공원 ······································· 32
다시 찾고 싶은 송림 ·· 33
소나무의 이름 ··· 34
얼마 남지 않았네 ··· 36
송림의 추억 ··· 37
숲에 다가간다 ··· 39
소나무의 힘 ··· 40
소나무 사랑하는 하동사람 ······································· 42
소나무가 좋아하는 것 ·· 43
뒤엉킨 소나무들 ·· 44
소나무의 뿌리 ··· 47
소나무의 하소연 ·· 48
햇살 밝은 날의 송림 ·· 50
소나무 닮고 싶어요 ··· 51
가을도 모르는 소나무 ·· 52
소나무처럼 늙고 싶다 ·· 55
송림이 웃는다 ··· 56
소나무의 말 듣고 싶다 ·· 57
낙락장송을 보며 ·· 58

두 번째 이야기 하동송림 찬가
하동송림 찬가 ··· 64

세 번째 이야기 인생의 아름다움
나의 어머니 ··· 106
아버지를 기억하며 ··· 100
천리길 달려온 벗님 ··· 108

나는 초록 그리움 ········· 111
아름다운 옛 노래 ········· 112
위험한 폭탄 ········· 113
솔바람 화장실 ········· 114
나는야 백수건달 ········· 116
맨몸으로 비를 맞는 사람 ········· 117
섬진강의 이야기 ········· 118
섬진강과 하동송림 ········· 119
섬진강 풍경 ········· 120
좋은 사람 ········· 121
나의 시 ········· 122
나의 시 공부 ········· 123
나의 상상세계 ········· 124
금메달의 위트 ········· 125
고서는 나의 친구 ········· 126
책을 읽다보면 ········· 127
하동은 나의 중심 ········· 128
송림과 섬진강 ········· 130

네 번째 이야기 하동송림 시선

太陽松 ········· 132
풀 냄새 ········· 134
하동송림의 노래 ········· 136
하동의 죽로차 ········· 137
대경 아파트(하동대경송림타운) ········· 138
하동송림의 마음·1 ········· 140
지리산 등정 ········· 141
내고향 남포동 ········· 142
하동 찬가·5 ········· 143
하동 찬가·6 ········· 144
섬진강 재첩 ········· 145
그늘과 어머니 ········· 146
섬진강 물길 ········· 147
신비의 하동 산삼 ········· 148
하동포구 이야기 ········· 149
산골 암자 ········· 150
용감한 병사의 추억 ········· 151

| 평설 | ········· 154
| 부록 | ········· 188

첫 번째 이야기
아름다운 송림

한국적송 찬가

늘 푸른 아름다움은
여인의 자태보다 선연하고
눈부신 싱그러움은
새봄의 새순보다 청순하며
붉은 빛의 오묘함은
하늘의 태양보다 찬란하다.
크고 굵은 몸체와 껍질이 눈길 끌며
힘차게 뻗어나간 나뭇가지는
넓은 하늘 채워 가며 팔 벌리고
깊고 깊은 뿌리가 거목 세우고
푸른 빛깔 나뭇잎 날 보고 반짝인다.
붙박이 설움 삼키며 서로서로 손잡고
가뭄과 태풍에도 의연히 맞섰다.
수천 그루 소나무가 이룬 숲 보고
방문객들 모두 소나무처럼 살려하니
그 누가 한국적송 생명력을
우러러 보며 존경하지 않을쏘냐.
수백 년 세월 이긴 끈기와
솟아오르는 용기 본받지 않으랴!
사랑으로 살아온 인연으로 널 만났으니
기적으로 살아갈 뚝심으로 널 지키리라.
오! 나의 소나무 나의 한국적송.

송림공원의 태양송

빛나는 적색으로 송림 색칠하고
빨강으로 붉디 붉어야 태양송이다.
제멋으로 아름다워지는 소나무가
밝은 햇살받아 반짝이듯 더욱 빨개지면
그제야 기적의 빨간 태양송이 된다.
붉음은 스스로 타오르는 불꽃이다.
껍질이 붉을수록 그리고 얇을수록
순하고 순한 밝은 붉은색의 赤身보이니
스스로 빨개지지 않고서야 누가 붉다고 하겠나.
밑둥부터 가지까지 빈틈없이
온 몸이 붉게 발광해야만 했고,
붉은 힘으로 토해낸 잉걸불의
빛나는 붉음이 공중에서 빛을 내고,
관솔이 불꽃으로 탄 불덩어리로 빨갛다.
열정으로 불태운 赤城이라야 붉어지듯
전신의 따스함과 간절함이 향기로 배어나니
빨강이 살아나 붉어진다.
태양이 붉음으로 키운 얇고 붉은 껍질은
태양송의 붉은 옷이요 北紅의 힘이다.
아! 삼백년 세월 갈고닦아
붉게 익은 아름다움으로 한국 赤松의 生을 빛낸다.

보호수 해송 한 그루

경송의 장엄함이 눈길 휘어잡고
수백 년 세월 견딘 큰 바위 같은
입 딱 벌어지게 하는 거구의 해송.
놀람과 찬탄이 함께한 당당함에
영웅과 호걸이 먼저 찾아와 문안하니
폭풍과 호우가 두 손 들고 읍했다네.
거목이 자리한 곳은 신성한 땅
자연과 사람이 한마음으로 보호하니
지진과 전란도 武人의 위엄에 머리 숙였다.
아!
생은 숭고하고 고귀한 것인가.
하늘이 돕고 신이 보우하신 보호수의
비다듬은 성스럽고 고결한 자태여
수간은 하늘 떠받치고 가지는 힘차다.
지리산과 섬진강이 만든 천혜의 땅에
자랑스럽게 고고히 응립한 해송 한 그루!
이러한 신목이 섬진강 언덕배기에 서있다네.
하동공원 꽃과 향기 등 타고 내려오고
생명으로 흐르는 섬진강이 손짓하며
눈앞의 산과 들이 제 멋으로 신나는 곳에
왕대가 병풍처럼 둘러싸 잡귀를 막고
기름진 천부지토가 일 년 내내 밤낮으로 키우며
옆에서 정성으로 지켜주는 큰 가족이 있어
사람은 해송을, 해송은 사람 보호하니
큰 나무에 큰 사람이라, 이보다 멋질 수야!

송림 지킴이

그때 나는 송림을 사랑했으므로
솔향기를 가슴에 가득 품을 때는
센 비바람이 나뭇가지 부려 뜨려도
마음을 붙잡고 송림을 지켜야했다.

그때 나는 송림을 사랑했으므로
보살피기 싫증나고 짜증낼 때도
이 핑계 저 핑계 꾸며대지 말고
꼭 그렇게 송림을 지켜야했다.

그때 나는 송림을 사랑했으므로
소나무의 고마움을 가슴에 새길 때도
뜨거운 햇볕이 옷 태우고 살 익혀도
그늘에 가지 말고 송림을 지켜야했다.

그때 나는 송림을 사랑했으므로
낙락장송의 우뚝함을 인생목표로 삼을 때
잔 마음에 이리저리 흔들리지 말고
꿈쩍 않고 바로 서서 송림을 지켜야했다.

송림을 지켜야 한다는 절박감 일 때
할 수 있다 없다는 회의에 휘둘리지 말고
내가 아니면 누가 하랴는 사명감으로
그 때 나는 송림을 지켜야했다.

솔바람

아가야!
바람 불어 좋은 날은 송림에 가자.
살랑대며 불어오는 바람결에
머리감고 목욕하고 세심하니
나는야 기분 좋은 송림의 친구.
바람이 흔들어도 곧게 자란 소나무가
웃으며 두 손 들어 반기는
솔 숲 아름다운 송림에 가면
때마침 강나루 지난 강바람이
내 마음 잡으려 서둘러 휘감는다.
눈길 훔치고 영혼 놀라게 해도
바람끼리는 이웃이요 친구인데
강바람도 소나무 흔들면 솔바람
나뭇잎이 가지 흔들어 큰 나무 세우듯
내 마음 흔들어도 솔바람이라.
메숲진 먼 산의 산바람이 놀러와
나무돌이 하는 솔바람이 신바람 날 때
귀여운 아이들은 바람처럼 재잘거림으로
청아한 솔바람의 이름을 거룩하게 한다.
솔바람이 타는 거문고 가락 들으며
나도 언젠가 이웃을 시원케해주는
바람 불어 좋은 날엔
한 점 솔바람으로 살고 싶다.

해질녘의 송림공원

신비한 솔숲이 만든 저녁놀을 타고
해가 기울면 마음이 급해지는지
산그늘이 내리자 어스레한 빛은 뒷걸음질치고
다정하던 풀벌레소리 들리지 않자
나의 눈과 귀도 어두워지며
지친 사람들은 서둘러 송림을 떠난다.
먼데 불빛이 보이면 음기가 살아나
보이지 않던 것들이 보이는 듯 사라지며
강물은 작은 포말 흘러 보내다 지치고
친구인 모래는 빛을 잃고 숨을 죽인다.
저녁이 휘어질 때 운무가 송림 감싸자
축복처럼 서있던 소나무들이
어룽진 으스름에 빨려 들어가고
자신을 빼닮은 그림자도 남기지 않는다.
하루를 밀어낸 그림자가 제왕처럼 호령했는지
밝음이 줄행랑치고 고요가 소리조차 삼키자
희미한 뜻도 아련한 꿈도 잃어버린
해질녘의 솔밭은 어떤 흔들림도 없다.
어둠에 잡혀가서 밤새도록 生고생 할
숲의 안부를 걱정하면서도
나는 어둠에 밀려 소리 없이 떠났다.

소나무 그늘을 좋아한다.

나는 소나무 그늘을 좋아한다.
땡볕이 제 세상인양 활개 칠 때
시원한 소나무 그늘을 상상해본다.
밝음과 어둠이 만난 절묘한 아름다움
그 아름다움 찾아 송림에 갔다.
아무도 밟지 않은 깨끗한 소나무 그늘을
성큼성큼 밟아보는 이 엄청난 흥분.
오늘은 무얼 찾아볼까 생각한다.
그늘의 무늬가 명암으로 그려지면
소나무는 정면으로 그린 태평화가 되고,
나는 소나무 얼굴에 눈독 들인다.
그늘과 빛이 만든 소나무 그늘의 신비는
소나무 사랑하는 마음속에만 깃들까?
손으로 잡으려 하나 도망쳐 버리니
맑고 순수한 영혼으로 다가가서
세월의 힘을 빌리면 가능해질 거야.
그런데 소나무 그늘의 신비를 잡아도
소나무 그늘 좋아하는 날 알기나 할까?

소나무 같은 사람

마음이 무거워
넓은 송림에 내려다 놓았다.
지나가던 사람들이 밟고 간다.
밟으면 밟을수록 납작해지더니
드디어 한 줌 바람에 날아갔다.
가벼운 마음으로 송림 걸으니
푸른 솔잎이 햇빛 받아 반짝이고,
힘찬 나뭇가지 바람 따라 노래하며
헌걸찬 거목은 하늘 뚫는다.
마음이 무겁고 가벼운 건
남을 탓할 일 아니란 걸
무심한 송림이 무언으로 가르쳐도
아직은 한참 모자라는지
소나무 같은 사람이 되지 못하고,
소나무처럼 고고하게 살지 못한다.
하지만 언젠가
즐거운 마음으로 송림에 다시 와
소나무 같은 사람 되어
소나무처럼 살아가리라.

뜨거운 여름날의 송림

폭죽처럼 가마솥 햇볕이 쏟아져
작열하는 태양이 지구를 데우는가요.
오줌에도 데겠다며 지레 섭벅고,
가쁜 숨 헐떡이며 목마름 버텨내다가
그만 발광이 나서 송림에 갔다.
뜨거워진 소나무들 확확 열기 뿜어내고,
볕의 향기 뙤약볕도 싫어하는
나무그늘이 미적지근한 볕에도 손들었다.
버릇대로 소나무에 등치기 하는데
나무껍질도 열 받았는지 벌겋게 달아올랐다.
햇볕이 덧칠해도 짜증내지 말아야지 하면서
양산 들고 모자 쓰고 부채로 바람내도
온 몸에서 쏟아지는 땀이 얼음을 부른다.

언제 불어와도 환영받던 실바람마저
꿈쩍도 안하니 폭염만큼 욕지거리가 나온다.
젊음의 열정 뽐내고자
반바지에 얇은 옷 입고 피서 온 사람들이
큰 나무 밑은 크게 시원하다며 예뻐했는데
오늘은 별 볼일 없다며 투정한다.
나뭇잎은 더위 식히려 솔향 내뿜고,
나뭇가지는 물기가 빠져 붉게 변해도
햇볕 냄새에 얼굴 데인
열기에 열 오른 사람들은 열 내치러
그늘진 나무그늘 밑에서도 땀 훔치며
시원한 바람을 뜨겁게 기다린다.

밤의 송림

뼈 깎는 아픔 쫓아내고 버리려
칠흑 같은 밤에 송림 찾았네.
때마침 쏟아진 불똥이 폭우에
온 몸 젖어 물에 빠진 생쥐꼴.
초췌한 모습이지만 보는 사람 없고,
쑤셔오는 고통 잊을 만한데
내 앞 가로막은
거대한 어둠의 덩어리가
약한 자를 단 번에 집어삼킨다.
무섭기도 하고 용기 없어
뒤로 물러서는데 쾅! 하고 천둥이 울린다.
와르르 폭포수 같은 장대비가 또다시
송림을 사정없이 마구 때리는데도
절망과 한숨이 도망가고
희미하게나마 웃음이 나오니
지독한 아픔엔 강한 처방이 비결인가.
생명의 움직임과 숨소리조차 없는
순수한 시간 어둠에 묻힌 송림
약한 자를 지레 겁 먹여도
말기 환자의 아픔 잊게 해주고,
고요한 침묵의 신성을 선물한다.
송림의 소나무는 밤이 낮같은 세상 바라며
환한 아침을 기다릴까요?

우리 모두 마음속에 소나무가 있다

불쑥 예고 없이 방문해도 버선 벗고 맞아주는
소나무가 있다.
활짝 웃으며 손 내밀고,
반가이 가슴 열어 뜨거운 마음 꺼내는
소나무가 있다.
삼백여년전 하동 지키고자 자리 잡은 뒤
해마다 비바람과 모래바람 막아주기도 하고,
풍년농사 기원하며 삶의 터전 지켜주었고,
계절마다 커가는 모습과 해마다 달라지는 풍경 보이며
폭우 이기고, 폭염 막아내고, 눈서리 견디면서
삶은 이런 것이요, 역사를 이렇게 이루어간다며
자랑하고 있다.
가끔은 성장의 힘이 무엇인지 알려 주기도 하고,
좁은 공간에서 서로 돕는 슬기를 배워가라고도 한다.
우리 모두 마음속에 소나무가 있다.
자손만대 지켜나갈 사명이 있다.

아름다운 소나무

소나무가 살아가는 이야기와
그런 소나무 있어 아름다운 산하.
세상에서 가장 아름다운 존재
소나무 사랑하는 사람들이
나무그늘 아래 벌렁벌렁 함께 누우니
하늘 향한 우둥퉁한 소나무들이
마음의 눈으로만 볼 수 있는
빼어난 예사로움 있다며
자기 먼저 찾으라고 아우성이다.
모래바람 막아 풍요를 선물했다며
수백 년 세월 자랑하는 낙락장송의
용트림하듯 굽이치는 수간위에
하늘 좁히며 곡예 하듯 뻗어가는 가지와
세상 초록 다 모은 나뭇잎 등
소나무는 존재 자체만으로도 아름다운데,
뛰노는 아이들의 재잘거림으로
시 쓰고, 피리불고, 그림 그리는 예술가와
소나무를 노래하며 나는 새 따라
산, 강, 바다 실어오는 산들바람 있고,
신선 모셔오는 자색 안개와
소나무 비추는 보름달과 샛별이 아름다워
모두들 기쁨과 열정으로 소나무 좋아하고,
소나무가 있어야 세상이 아름답고,
그대가 있어야 소나무가 아름다워진다며
자기가 사랑하고 좋아하는 소나무의 긴 호흡으로
무한대의 아름다움 즐긴다네.

상처와 아픔과 사랑

송림에서 소나무 만지다 상처 보았네.
째지고, 터지고, 찢어지고, 뚫리고,
상처는 소나무마다 다르고, 어제 오늘 같지 않아
그게 무슨 의미가 있으랴마는
문득문득 내 마음의 상처에 소나무 상처가 겹치네.

송림에서 소나무 바라보다 아픔 보았네.
자리 잡느라, 견디느라, 숨 쉬느라, 살아가느라.
소나무마다 같지 않은 아픔은 오늘 내일 달라서
그게 무슨 까닭이 있으랴마는
문득문득 내 슬픈 마음에 소나무 아픔 고였네.

송림에서 소나무 안아주다 사랑 느꼈네.
보고 싶고, 만나고 싶고, 얘기하고 싶고, 얘기 듣고 싶고,
마음에 기쁨이 자라 사랑은 하루하루 다르고,
그게 무슨 소득이 있으랴마는
문득문득 소나무의 보답에 나의 온 몸이 뜨겁네.

죽음이 널브러진 송림공원

한국적송이 아름다운 송림공원 찾았더니
썩은 나뭇가지, 바랜 낙엽, 떨어진 솔방울과
잿불같이 잠깐 죽었거나 오래전에 이미 죽은
장례식에도 못 간 시신뿐인 동식물이
찬란했던 젊음과 영광을 고스란히 맨땅에 버린
자연도태의 성스러움과 경외가 보인다.
빛나는 생명의 솔숲에 흡혈귀가 지나갔는지
풍상에 베어진 낙락장송의 쪼개진 그루터기는 말 없고,
판장이 된 구겨진 주검의 참혹한 비극과
날개 잘린 날짐승의 훼손되고 부패된 변고와
벌, 나비의 표본이 시든 풀꽃에 달린 최후가
추레하게 바래진 몰골을 깊이 감추고,
지옥보다 천당, 다음 生은 인간이길 바라며
죽음과 동행하며 여기저기 흩어져 있다네.
때마침 바람 불고 햇볕 따스해
푸른 기운으로 활기찬 소나무 밑에서
발바닥으로 흙의 얼굴과 체면도 짓밟고,
심장을 돌아 나온 고통, 신음도 마구 짓이기면서도
삭은 뼈가 쌓인 덩어리가 더욱 푹신해서
밟을수록 힘이 나고 걸을수록 신난다며
죽음이 널브러진 송림공원을 힘주어 걸었네.

다시 찾고 싶은 송림

눈뜨면 날이면 날마다 널 찾았는데
발 다쳐 달포가량 아파트에 갇혔다오.
급하게 창문 열고 마음으로 보았지만
열흘 지나고 보름 지나고 달장 지나자
두 발이 움찍대고 발광이 났지요.
직접 찾아가서 내 발로 땅 두드리며 걷고
손으로 만지고 가슴으로 안아주고 싶은
뜨겁고 애틋한 내 마음을 알까요?
어쩔 수 없이 약간의 거리를 두고 바라보니
예전의 그 감동과 사랑은 건성이었죠.
그래도 지금은 아름다운 추억 속에
오랜 세월 따뜻한 정으로 함께 한 우정이
쿵쿵거리며 가슴 애타게 다가온다오.
운 좋게도 다시 만난다면 행운인데
처음과 지금의 감동은 미묘하게 달라도
버선발로 뛰쳐나가 웃음으로 반기면서
너의 이름과 향기와 온기를 보듬겠소.

소나무의 이름

찬란한 아침에 참새들 신났다.
나도 참새만큼 소나무 좋아하고,
소나무 아래서 태어나 소나무와 더불어 살기에
'소나무'하고 말하면 깜짝 정신이 든다.
이름이 거룩해서 거룩한 이름의 소나무를
다시 한 번 더 고개 들어 우러러 본다.
역사이래 수천만 년 동안 한반도 지켜보며
사계절 내내 넉넉한 푸르름으로
백의민족 먹여 살린 생명의 나무
소나무는 나의 이름이요, 우리의 이름이다.
하지만
이름이 없어 이름나지 못하고,
턱없이 일본 적송으로 불리었다니 안타깝다.
민족의 나무를 세계에 알리지 못한 탓일까?
다행히 2015년에 '한국 적송'으로 이름 지으니
200년 가까이 동안 뜬 한국 소나무가 욕을 당한 셈.
살아있는 모든 것들이
이름을 거룩하게 한다는 것은 존재의 가치.
이제 우리나라의 소나무는 제 이름 찾았으니
붉은색이 유난히 빛나는 송림의 소나무는
'태양송'이란 멋진 새 이름으로 부르리라.

※ 한국 적송 : Korean Red Pine

얼마 남지 않았네

기쁜 마음으로 푸른 송림 혼자 찾아
아름다운 광경 보느라 느릿느릿 걷는데
날 보고 뒷사람이 하는 말 '얼마 남지 않았네.'

낙엽지고 날씨 추워지니 송림도 떨고 있는데
외투 입었다고 시간 가는 줄 모르고 걷다보니
체력 다한 식은 땀 흘릴 일 얼마 남지 않았네.

건강위해 하루 만보걷기 한다면서
송림의 어둠속을 쏘다니지 말았어야 했는데
정신없이 걸으니 가족이 걱정할 일 얼마 남지 않았네.

상처 난 소나무보며 마음이 아팠는데
그 나무 그 상처 아물고 생살 돋을 때까지
햇빛 받고 양분 먹으면 고통 얼마 남지 않았네.

송림의 낙락장송 가운데 유별나게 큰 나무 중에서
두 가지가 하나 된 기적의 소나무 크게 보니
송림 사랑하는 내 인생의 기적 볼 일 얼마 남지 않았네!

송림의 추억

누구나 송림에 간 추억이 있다.
혼자 찾아가도 반갑다고 환영하고,
가족끼리 친구끼리 찾아가도
푸른 기운 나눠주고 가슴으로 안아준다.
소나무가 기뻐서 눈물 흘리며
그때의 따뜻함 잊지 않았고,
온 가족이 함께 모여 즐겁게 놀며
사랑으로 사는 것 보고도 감동했단다.
그리고 사랑이 무엇인지 묻고 싶었단다.
나는 소나무의 헌칠함에 놀라고,
붉은 나뭇가지의 강렬함에 마음 빼앗기고,
함께 어울려 사는 아름다움에 반했다며
입이 닳도록 칭찬했다.
그러면서 소나무의 고민이 무엇인지 묻고 싶었다.
누구나 송림 찾은 추억 안고 산다.
다시 찾아가 그 추억 되뇌이며
송림과 친해지고 싶은 꿈도 자랑하고 싶다.

숲에 다가간다

송림의 소나무가 초록에 감겨
실 같은 푸른 바람에 흔들릴 때
숲이 다정히 내 가까이 다가오면
나는 일기죽일기죽 힘없이 걷다가
그만 놀라 작은 눈을 크게 뜬다.
숲이 좋아라하며 나를 반기는 송림에서
오직 나 혼자만의
비밀통로를 비밀이 아닌 듯 걸으면
아련한 꿈속에 꿈꾸듯 갇혀
눈 뜨고도 숲의 마음보지 못해도
바람에 나뭇가지 부딪치는 소리에
숲은 한 발 더 가까이 다가오고,
솔바람이 반갑다며 솔 향 뿌리면
나는 탯줄 잡듯 마구 잡는다.
숲이 우람하게 우거져 아름다울 때
그제야 삶의 기쁨을 온 몸으로 이연하며
두 발 더 가까이 숲에 다가간다.

소나무의 힘

꿈꾸듯 즐겁고 신나게 송림에 가면
숲의 기운인가 소나무의 힘인가.
마음마다 발길마다 신바람 일고
만나는 사람마다 힘이 넘친다.
때맞추어 그윽한 솔 향 흩날리면
향긋한 피톤치드로 기분은 하늘 날고
팔과 다리는 불끈불끈 힘 솟는다.
소풍 온 아이들 왁자지껄 웃음소리에
낙락장송들 바람타고 하늘 오를 때
뿌리, 수간, 가지들 굵어지고 단단해지면
그 힘 받으려 수간에 등치기 하니
거목은 거목만큼의 힘센 힘을 준다.
덕분에 나도 굵어지고 단단해지니
숲의 사랑인가 소나무의 선물인가.
운 좋게 숲의 기운 받은 벗님네들
하늘에 부끄러움이 없는
소나무의 기운찬 힘도 받았으니
사람들에게 부끄러움이 없이
온 세상 빛낼 무슨 일 못하겠소.

소나무 사랑하는 하동사람

생각할수록 그리움에 젖는 숲이라서
헐레벌떡 찾아가도 반가워 뿌리째 흔든다.
마음으로 찾고 온 몸으로 바라보면
삼백여년 전 심고 가꾼 낙락장송 천여그루
장엄하게 하늘 떠받치고,
드럼통만한 수간, 긴 콩밭 같이 쭉 뻗은 가지,
금방 밥상 위에 올려도 좋을 싱그런 잎들이
자기 목소리로 속삭인다.
풍경은 그대론데 나무 스치는 바람 소릴
소나무의 즐거운 노래라고 우겨대면서
남의 이야기에 관심 없고 자기 밖에 몰라도
송림 지키기에 열 올리는 벗님이 있다.
해종일 맑은 눈을 들어 솔방울에 입 맞추며
한숨 쉬는 소나무를 맨몸의 온기로 보듬고는
그대로의 송림 사랑한다며 스스로 우쭐대고,
한평생 맑은 영혼 행군 온화함으로
남몰래 그리는 정을 감추면서도
물 논에 벼 자라고, 나무에 잎 자라듯
가만가만 맨발로 송림의 오솔길 땀으로 걷는
소나무 사랑하는 하동사람이 있다.

소나무가 좋아하는 것

소나무는 햇빛이 인사 오면
뿌리, 가지, 잎 다 흔들어 환영하고,
바람이 자기를 정답게 어루만지면
십년 묵은 근심도 먼지 털듯 털어버렸다죠.

소나무는 송림 좋다고 친구들과 손잡고 와선
이 나무는 내 나무! 하며 다투는 것 알고,
웃음으로 붙박이 신세의 외로움 달래며
온갖 고생 한 순간에 날려 보냈다나요.

소나무는 연락 않고 느닷없이 찾아와선
어린이와 청년들이 신나게 뛰어다니는 걸 보고,
너희들도 건강하게 무럭무럭 잘 자라라면서
머리 쓰다듬는 모성애를 무척 흠모했다나요.

소나무는 아름다움과 베푸는 은혜와
서로를 칭찬하는 뜨거운 우정을 부러워하고,
다치지 않게 유리조각과 쇳조각 주우며
안전한 곳으로 만드는 사람을 존경한다나봐요.

소나무는 사람들이 귀중한 자기 행복 지키며
모두를 사랑하는 마음 나누면서
세상을 사람살기 좋은 곳으로 만들어
잡초, 곤충, 새들도 함께 즐기길 바랬다나요.

뒤엉킨 소나무들

수백년을 살면서 살면서
간절히 바라는 무엇이 있기에
손 끌고 손잡아 어울린 소나무들이
같이 살수록 즐겁고 보람 있다며
하늘 좁힌 뒤엉킨 가지가
허리 휘어지며 목 늘어지고 고개마저 떨구어도
사람보다 더 진한 우정 보이고,
살아갈 날이 더 많기에
삶이 어려울수록 서로 의지해야 한다며
그리운 것들을 온몸으로 표현하고,
고이 묻어둔 비밀조차도 비밀조차도
퍼뜨리며 시끌벅적 살고 있다오.

가까운 이웃으로 이웃으로
흉금 터놓고 비밀얘기 하고 싶어
숨겨논 보석 송림의 소나무들이
서로서로 양보하고 굳게 손잡으며
좁은 땅에 뒤엉킨 뿌리가
허리 부딪치며 목 비틀어지고 고개마저 돌려도
이름에 걸맞는 아름다움 꽃피우고,
오늘 해야 할 일 다 해치우지 못해도
마음 비우고 지우며 처연하게 살면서
온 몸에 밴 향기를 사람마다 퍼뜨리고,
초록 물결의 파도 일렁이며 일렁이며
휘황찬란한 나무 생애 자랑한다오.

소나무의 뿌리

힘차고 힘 있는 육중한 大地인
땅의 기운을 흠모라는 뿌리가
좋은 때도 기쁠 때도 땅 찾듯
기분 좋은 힘꼴로 나를 찾을 거라며
신난 발걸음이 송림으로 향했네.
낙락장송들 큰 키로 하늘 떠받칠 때
땅속뿌리들은 소나무 세우기 위해
수맥 찾아 땀 흘리고 훔치면서
하루 종일 생명수 퍼 올린다.
뿌리박은 힘찬 모습 자랑하는 소나무가
어찌 뿌리의 수고를 모를까마는
生의 이름으로 거리낌 없이 사는
뿌리는 남 앞에 나서지 않는 어머니처럼
평생 묻혀 살면서도 고귀한 모습 숨겨가며
황무한 땅 속의 거칠 돌과 흙 다스리고,
행여 소나무가 바람에 쓰러질까봐
뿌리를 깊이 내리려 땅과 함께 힘을 모은다.
부모의 희생 위에 자식들이 자라듯
뿌리는 기쁨으로 향기 나는 소나무 세운다나요.

소나무의 하소연

소나무가 고민 있다며
산들바람에 소식 전해온다.
궁금하여 한달음에 달려가선
농고를 졸업했다고 뽐내면서
상대를 잘 아는 체 하니
알고나 말하면 밉지나 않지
낙락장송이 화가 나서 내뱉는다.
한 곳에서만 살아온 붙박이의 설음,
수백 년 송림을 지키고 가꾼 자랑,
삼년 가뭄과 석 달 열흘의 폭우,
수간에 있는 일제의 총구멍과 송진채취의 상처,
육이오 때 피 흘린 동족상잔,
뿌리와 가지 꺾고, 솔방울 따간 모멸감 등을
차분하게 분노로 열변한다.
나도 화가 나, 에잇 그럴 수가!
운명을 만나듯 현장의 목소리 찾아
하소연 들어준 내가 대견하고,
기쁜 마음과 보람찬 나날로
건강하고 행복하길 바라며
뜨거운 가슴으로 소나무 보듬었다.

햇살 밝은 날의 송림

여보게들!
햇살 밝은 날엔 송림에 가세.
아름답게 피어난 푸른 송림은
햇살 받아 명화처럼 거룩하다네.
세월 이긴 소나무가 웃으면서 맞이하는
음영이 도드라진 나무그늘은 안식처.
뿌리는 생전처음 세상 구경하고,
잎사귀는 초록으로 마음껏 푸르며
가지는 햇살모아 더욱 빨개지고,
수간은 청용처럼 용트림한다네.
한층 짙어진 나무그늘 아래에서
희망으로 돌아난 무더기 버섯이 얼굴 내밀고,
꿈속인 양 맹꽁이는 오수 즐긴다네.
나뭇가지 사이의 흰 구름은 혼자 놀아도
하늘은 소나무 색칠하려 붓 들고,
샘 많은 강물이 파란 옷 입을 때
백옥 같은 백사는 서둘러 반짝반짝.
솜씨의 치밀함을 자랑하듯
시 쓰고 풍경 그리고 춤추는 소나무
꿈에 소나무 보고 비온 후에 새 나무가 나듯
오늘도 소나무는 정월에 심듯 송림 가꾸며
밝은 햇살로 밝은 희망으로 커간다네.
우리도 밝게 웃는 그런 소나무 닮아보세.

소나무 닮고 싶어요

메숲진 뒷산에 오르면
소나무는 가슴 데우는 친구 같아요.
마음속에 그리도 그리던 얼굴을 찾았으니까요.
이상하지요.
그저 아무런 생각 없이 당신을 만져보아요.
푸른 잎이 돋아 뻐기는 걸 보니
한창 젊을 때의 내 주먹에 힘줄 돋을 때와
비슷하다니까요.
겁 많은 내가 붉은 소나무를 좋아하다니
그걸 어떻게 변명해야할지 고민 중이고요.
슬플 때나 기쁠 때나 느닷없이 찾아와서
내 멋대로 하소연하고, 내 방식대로 웃어대니
정신없긴 마찬가지라며 나를 달래주었지만
빡시게 밀어붙이는 삶의 의미는 외면했지요.
닥치고 원하는 삶에 올인하는
소나무 붙잡고 윙크한 뒤 콧노래 부르며
푸른 희망 키워가며 혼자 노닥거리는 것이
내 취향이라니까요.
온기 띤 나뭇가지는 젊음을 매달고,
땅 속 뻗어가는 뿌리는 행복을 심어주기에
짧은 햇빛에 사라지는 나무 그림자일지언정
난 푸른 소나무 닮고 싶어요.

가을도 모르는 소나무

가을이 깊자 만산홍엽이요
빨강노랑으로 물든 잎새는
불타는 열정의 불꽃으로
그 불꽃 뽐내면서 뻐기는데
푸른 송림의 솔잎들
그냥 멍하니 자신을 지킨다.
단풍구경 단풍놀이 떠난 자리
송림에는 바람조차 졸고 있다.

성인도 시속을 따르는데
바뀌는 계절 외면하고
변해가는 아름다움 몰라도
겨울에도 푸른 자태 자랑하려
햇살 반기고 그 기쁨 즐긴다.
항심으로 올곧게 사느라
하루해가 쏜살같이 빠르더니
푸름은 날로 날로 진해가고
푸른 마음 자꾸자꾸 독해진다.

소나무처럼 늙고 싶다

서로 다른 듯 서로 같은 듯
소나무마다 각자의 다른 삶이
때론 아름답게 때론 치열하게
나무의 모든 이치 보여준다.
소나무가
땅 속에 희망과 미래 묻어놓고
거목 꿈꾸는 내일 기약하면
나는
나의 꿈을 소나무 끝에 올려놓고
그 위에 병든 몸도 던져둔다.
사랑해주어 고맙다며
소나무는 초록의 힘으로 날 메고
하늘까지 올려준다며 야단인데
그 힘으로
송림의 소나무처럼 살다보면
천상 소나무 닮았다는 소릴 들으며
솔향기 속에서 고고히 늙어가겠지.

송림이 웃는다

흰 구름 반짝이는 푸른 하늘 아래
우리들의 송림은 한 덩어리의 웃음.
날마다 거목들 키우며 땀 흘리는데
죽죽 뻗는 가지도 힘찬 기운 자랑하고,
콧노래 흥얼거리는 살랑살랑 솔바람이
강변 나르는 백조들의 날갯짓 도우니
백사청송이라며 모래알도 신났다.
작다고 작은 것 아니라면서
낙락장송의 나뭇잎 나오라고 큰소리치고
물새 발자국 따라 깡충깡충 뛰어보란다.
푸른 잎 푸른 기상의 푸른 소나무가 그린
푸른 솔숲이 춤추는 무동산 부추겨
뜻있는 글 찾는 시인의 가슴 달구고,
계절보다 먼저 뛰는 잡초들 설레게 한 뒤
얼굴 찡그린 섬진강물 안아주라 재촉하니
맘씨 좋은 골짜기가 학춤으로 보답한다.
아! 기쁨이 아름답고, 아름다움이 기뻐하자
멋모르고 놀란 송림이 따라 웃는다.

소나무의 말 듣고 싶다

소나무야! 20년을 하루 같이 날마다 만났구나.
푸른 기백과 씩씩한 폼이 좋았고,
삼백년 견딘 끈기와 우람한 몸매에 놀랐으며
비좁은 땅에서도 서로들 잘도 어울리더구나.
이제는 나도 기다릴 수 없단다.
널 살리는 비법과 자연 죽이는 극비라도
소문내지 않고 지켜 줄 테니
너의 생각과 느낌과 이야기를 듣고 싶구나.
무언가 말하고 싶은 것 같은데
내가 우둔해 못 들어도 이제는 못 참겠다.
입 모양, 소리, 제스처라도 보이면
네가 말하지 않아도 느낌으로나마 알 텐데.
침묵도 지나쳐 때가 지나면 무슨 소용.
나한테도 줄 교훈 있다면
이제는 자신 있게 말해다오.
너와 나는 동일체이기에
너의 감정과 절규와 기쁨을 알고 싶다.
20년을 하루 같이 살아온 사람에게
믿음을 주었으면 좋겠다. 나아가
남들에게 정겹게 이야기하는 모습 보여 주자구나.

낙락장송을 보며

거목은 위대하기에 빛나고 아름답다.
크고 우람한 정간槇幹 보니 머리 숙여지고
수백 년 세월이긴 거룩함에 마음 뜨겁다.
뻗어나간 가지들도 너무 커
그 위용과 애애靄靄에 가슴 뛰는데
팔십 한뉘를 산 나는 탑본처럼 초라하다.
한창 청운의 꿈 키울 때
낙락장송을 스승 삼고 제자가 못된 것이 恨.
가까이 있어도 세상 볼 줄 몰랐고
나절이나 나절 가웃을 허송하며
힘써 벼름벼름하지 못했기에
헐거운 삶을 소주에 밥 말아 먹으면서
가슴 치며 후회하는 오늘의 나 일뿐.
순금의 정을 꿰어 내 혼에 걸어두고
지금은 쳐다보고, 안아보고, 재보며
나 혼자만의 기쁨으로 사랑 주고,
살아온 힘과 살아갈 힘으로
시린 겨울에도 이기고 살아남은
긴 세월의 생존에 두 손 모아 경외한다.
나무 자르는 톱날에 솔향기 묻혀주고
자신을 희생해가며 사람 돕기에
널 닮으려면 어찌해야 할까를
하루 종일 서성이며 머리악 쓰니

행간 헤집고 삶의 큰 의미 찾듯
언젠가 나도 애면글면 하다보면
뜨겁게 살아가는 큰 나무 되겠지요.

두 번째 이야기
하동송림 찬가

하동송림 찬가

1.
　하늘에서 내려다본 녹색의섬 하동송림
　갈마산과 무동산이 앞뒤에서 지켜주고
　하동포구 섬진강물 엄마처럼 안아주며
　광평들판 넉넉함이 고운심성 심어주고
　칙칙폭폭 기찻길이 바닷바람 막아주니
　천하제일 길지라오 녹수청산 쉼터라네.

2.
　운명으로 기적으로 삼백년을 다듬고야
　창수창송 보여주는 신의솜씨 별천지요
　동서양을 둘러봐도 아름다움 비교불가
　달나라의 계수나무 보려가다 발길돌려
　숨긴보석 찾아내고 감격하는 지구인들
　한국기행 최고명소 하동송림 찾아간다.

3.
　나무마음 오려내어 온몸에다 분바르고
　신비로운 솔향찾아 웃음띠며 청정힐링
　매일매일 들樂날樂 왔다갔다 들쭉날쭉
　반갑다고 가슴여는 천혜보석 소나무숲
　굵은수간 자랑하며 하늘높이 솟아오른
　낙락장송 천여그루 서로모여 정다웁다.

4.
지리산의 맑은정기 한다사를 둘러싸고
오백리길 별난사연 섬진강이 쏟아내면
제멋으로 반짝이는 은빛백사 응원받아
재잘대는 재첩들이 어꾸수한 맛을낼때
오대양의 힘찬기운 기수역에 올라오니
하동송림 멋진풍광 세상천지 으뜸일세.

5.
오! 내일 그리워서 잠못들고 애태우며
찾아가선 반갑다며 두손잡고 감격하는
멀리서도 제스스로 그리는정 누가알리
아침저녁 가슴으로 지어내는 몸부림을
무슨수로 감당하랴 언제까지 참아내랴
하동송림 보고싶은 뜨거운정 나도몰라.

6.
삶가운데 태풍와도 별무늬를 그려놓고
처음만남 기억하고 미소짓는 동심처럼
천사들의 신나는꿈 그언제나 얼싸좋고
정답없는 엉뚱질문 가슴으로 풀어내는
신선하고 깊은생각 몸가짐도 상서로워
하동송림 색칠하는 하동천사 어여쁘다.

7.
태풍같은 모래바람 삶의터전 박살내고
생명줄인 논밭농사 어이없이 훼손하니
삼백여년 그옛날에 전천상님 발심하셔
군민들과 두손잡고 송림조성 땀흘리신
미래선도 국토개발 큰역사를 이룩하니
명품솔숲 하동송림 오늘에야 빛나도다.

8.
삶속이며 살아왔던 가슴아린 아픔들은
소나무가 알기전에 버려야할 어둠이고
중심속을 멀리걷고 스스로를 옭아매는
반성안한 자괴감은 구제못할 절벽인데
매운쓴맛 괴로워도 크게한번 웃고나니
경계없는 흰빛처럼 송림공원 밝아진다.

9.
착한눈짓 가슴앓이 출렁대야 제멋인데
까닭없는 마음으로 하동송림 바라본다
상기되어 사무치면 가슴훑고 눈물고여
첫매듭을 도래짓듯 문틈새를 열어놓고
투명하고 천둥같은 첫눈길을 쏟으면서
비다듬은 고운자태 솔포기가 반겨준다.

10.
비가오고 눈이와도 물빠짐이 걱정없어
각종곤충 벌레들이 분주하게 살고있는
송림공원 흙바닥은 건강하고 영양많아
두더지와 땅강아지 맹꽁이와 두껍이들
서로서로 격려하고 경쟁하며 살아가니
땅과곤충 소나무가 공존하는 천국인가.

11.
재선충이 살점뚫고 벌레들이 구멍내며
불볕더위 사정없이 얇은껍질 파고들고
폭우숙우 맞아가며 대책없이 온몸젖고
눈서리가 뼛속깊이 차가움을 선물해도
소나무들 일년내내 장강처럼 늠름하게
병충해와 폭염폭우 눈서리를 이겨냈다.

12.
살아가는 깊은고뇌 기쁨으로 바꿔가며
음지에서 떠받치는 뿌리들의 헌신위에
죽죽뻗은 나뭇가지 얽힌모양 아름답고
물이오른 새순마다 초록향기 짙푸르며
챙겨주는 이웃사랑 나무마다 하하호호
계절마다 다른악기 솔바람이 노래한다.

13.
이마의 땀 가라앉고 삶의리듬 돌고돌면
눈물샘이 그렁그렁 고향내음 풍긴다며
나무힘줄 자랑하는 기적같은 태양송을
계절마다 잊지않고 찾아오는 벗님네들
기쁜순간 자주많이 同行좋아 손잡고선
잔솔밭에 안긴행운 어깨춤을 들썩인다.

14.
그대모습 그리다가 정신줄을 놓았는가
솔밭보자 소리치며 기뻐하는 모습보소
당신과나 손내밀면 자연스레 꽃이피고
우쭐대는 벅찬기운 사랑으로 몸달구니
절로나온 휘파람에 모두모두 덩실덩실
어른아이 하나같이 무비채널 따로없다.

15.
나이테의 나이만큼 연륜으로 노래하며
감칠맛이 향기로운 나무내음 시로쓰고
나뭇가지 지휘따라 리듬맞춰 춤을추며
솔방울이 둥글다며 둥근것만 사진찍고
안보이는 뿌리들도 마음으로 그려내는
저녁노을 썰고있는 예술가들 아름답다.

16.
활을쏘며 唱을읊는 선비문화 이어가며
학생들의 미술대회 사람꽃이 만발하고
가요제와 재첩축제 지역특색 문화행사
친목모임 북적대는 인산인해 장관인데
왁자지껄 웃음소리 소나무도 따라웃고
송림찾은 풍류랑들 별난추억 안고간다.

17.
숲속나라 수풀속의 벌거벗은 원시생활
꿈과같은 자연친화 시를닮아 그윽하고
욕심없고 다툼없는 신화속의 무릉도원
나무있는 풍경환가 어디든지 그림같고
얻고잃는 걱정없이 그야말로 묵상희열
여기저기 낭만풍월 사람들이 샘을낸다.

18.
하동송림 화장실은 세곳모두 깨끗하오
쌀쌀소리 나거들랑 지체없이 볼일보소
푸른솔향 솔솔불어 기분좋은 명상시간
몸의아픔 마음의짐 모두모두 내려놓고
나를찾아 기뻐하고 꿈을찾아 꿈을꾸는
몸짓고운 멋진세상 이루리라 발을동동.

19.
한민족의 얼을지닌 한국적송 정정하며
광합성의 푸른솔잎 빛이되는 생명환희
짝을맞춘 두잎들은 행복혼인 상징하고
솔방울을 많이달아 자손신신 가르치며
사절춘색 기운으로 전사다운 기백좋아
금수강산 화룡점정 하동송림 우뚝하다.

20.
송림에서 일어났던 민족사의 비극들이
있었는지 없었는지 모른다고 외면말고
육이오란 전쟁으로 나라망친 아픔들과
동학란과 일제치하 모진고통 보여주는
송진채취 흔적있고 총알박힌 나무많은
송림공원 아픈역사 후손에게 얘기하자.

21.
아유깜짝 웬일이야 가슴철렁 내눈의심
무성한숲 한가운데 싹둑잘린 그루터기
오며가며 만져주고 얘기하던 그나무가
- 화무십일홍이요, 생자는 필멸이라 -
남은인생 절둑이며 하염없이 걸어가도
애창곡조 재잘대는 꾀꼬리가 눈에띈다.

22.
　　소나무의 꾸지람에 슬픔으로 눈물나도
　　그리움에 덧이난듯 아주조금 불편할뿐
　　찡그리며 원망하고 질책하지 안했더니
　　아이같은 마음으로 소나무를 사랑하고
　　함께가는 친구처럼 두손잡고 신나는게
　　일상으로 여겨지니 마음자세 버젓하다.

23.
　　소나무가 나의손을 마구찔러 상처나도
　　나의잘못 반성하며 잠시잠깐 얼굴빨개
　　소나무끝 바라보며 타는몸짓 다스리면
　　크고작은 세상만사 험한고개 쉽게넘고
　　넓은가슴 풀쳐생각 마음에다 용기주니
　　흘린눈물 값어치는 햇볕받은 녹빈紅顔

24.
　　소나무가 나의발을 사랑으로 두드리면
　　맨발걷기 좋은줄을 내가먼저 눈치채고
　　친구들과 손을잡고 정다웁게 걸어간다
　　함께하는 즐거움은 행복지수 올려주고
　　건강하고 힘센기운 무병장수 선물하면
　　백세인생 자랑하며 꿈꾸는일 앞당긴다.

25.
　소나무가 나의얼굴 귀엽다고 만져주면
하늘나는 기분으로 따뜻하게 안아주고
안을때의 묘한기분 가슴으로 즐기면서
감미로운 인간체취 선물하고 느낀감정
소나무도 느꼈는지 뜨거움이 되살아나
온몸으로 나눈사랑 소나무와 한몸된다.

26.
　물의뜻을 곰곰새긴 물의마음 하동송림
흔들리며 마음여니 물의세상 보이고요
숭어들이 강물따라 헤엄치며 손짓할때
친구끼리 손잡고서 물의나라 여행하면
둥둥떠서 태워주고 가슴으로 모신다고
정중하게 제안하니 솔바람이 박수친다.

27.
　소나무는 행복나무 뿌리들이 세워주고
수간으로 우뚝서서 낙락장송 뽐내면서
천정뚫는 높은기상 만천하에 보여주면
가지들은 힘을모아 넓은하늘 쪼개가며
아름답고 조화로운 경송모습 완성하고
푸른잎은 햇볕받아 힘찬기운 북돋운다.

28.
　소나무의 한평생은 전쟁보다 치열한가
　분초단위 간격으로 나이테에 세월심어
　생명시간 년단위로 덧셈하며 늘려가고
　낮시간엔 햇볕찾아 광합성을 완성하며
　밤시간엔 어둠의신 계시받고 명상하니
　자기눈이 자신보며 맨몸으로 부대낀다.

29.
　자연닮은 소나무는 부드럽고 조화로와
　뉘우치며 눈물짓는 사람에겐 용서하며
　생각없이 흔들리는 졸부에겐 채찍들고
　어깨처진 삶을사는 이방인에 용기주며
　뼈를녹인 슬픔에겐 은은한향 나누면서
　한순간도 빈틈없이 남을위해 목숨건다.

30.
　맑은기운 솔솔일어 어깨춤이 절로나고
　솔바람이 향기실어 가슴마다 행복주니
　벌렁벌렁 콧노래가 여기저기 흥돋우고
　솔밭에서 걷고뛰는 걸음마다 신이나서
　친구끼리 가족끼리 웃음꽃을 피워내니
　하동송림 찾은행운 기쁨으로 힐링한다.

31.
　꽃대들이 희망쏟아 붉고붉은 꽃잎달면
　하동송림 상사화는 불꽃으로 피어나서
　사람마다 눈길주니 꽃핀꽃잎 더욱붉고
　화염처럼 요염하고 색시처럼 곱디곱다
　상사화꽃 사랑으로 인연맺은 연인들이
　고맙다며 찾아와선 꽃잎에다 입맞춘다.

32.
　억센풀도 황량할 때 홀로푸른 꽃무릇은
　남새밭의 희망처럼 숫눈위의 초록빛깔
　아름답고 싱싱하며 빛이나는 잎파리라
　눈쌓여도 더욱푸른 하동송림 꽃무릇들
　초록열정 색칠하니 눈병조차 고치고요
　한겨울의 푸른초원 으뜸가는 천상화원.

33.
　듣지않고 안보아도 느낀다는 사랑이여
　그사랑을 키재기로 소나무에 걸어두고
　서로의등 밀어주며 함께하는 기쁨이여
　제마음을 수천만번 꿰뚫어서 얻은행복
　나무마다 격이다른 차이나는 삶의향기
　얼굴에핀 환희처럼 웃음만큼 아름답다.

34.
풋풋했던 솔바람이 내가슴을 베어내면
깊은서정 우러나서 하동송림 쏘다닌다
생각으로 반짝이는 너의초상 내가슴에
너무나도 기쁘다며 기지개로 깨어난다
만져보고 또만지니 나무온기 배어나고
정성으로 갈고닦은 높은기상 나눠준다.

35.
참새들이 조잘대는 서걱이는 나무그늘
나무사랑 흠뻑입어 풀잎들이 싱싱하다
자색안개 타오르면 신선님이 찾아오고
나뭇가지 흔들리면 고운햇살 빛이나니
푸른숲의 얼굴들이 밝고환해 정겨웁고
더운체온 나누면서 사랑마저 애틋하다.

36.
섬진강이 하동으로 한걸음에 달려올때
맑고푸른 물빛들이 푸른산을 불러모아
강물사랑 깊이만큼 진한색깔 덧칠하니
신비로운 산그림이 강물위에 떠다니자
힘껏뛰는 숭어들이 산정상을 정복하고
떼를지은 갱조개들 산속에서 헤엄친다.

37.
　　지리산을 휘돌아온 자색안개 놀러올때
　　이슬방울 반짝반짝 정다웁게 맞이하면
　　푸른솔잎 함초롬히 금빛이슬 목에걸고
　　소란스런 물결들은 의젓하게 점잔빼고
　　밝은햇빛 다소곳이 제자리를 고쳐앉자
　　새로워진 하동송림 꿈결속을 헤매인다.

38.
　　무동산의 산그림자 섬진강에 놀러오면
　　손님맞이 소나무들 푸른옷을 차려입고
　　백사장의 은모래를 친구삼아 대동하면
　　물고기들 산속여행 즐기면서 춤을추니
　　아름답고 고운모습 마음마져 싱그러워
　　하늘마저 깜짝놀라 빛의강도 올려준다.

39.
　　마음건강 몸건강에 나무향이 좋다면서
　　피톤치드 마시려고 송림공원 찾아갈때
　　큰태양이 앞서거니 뒤서거니 안내하고
　　푸른빛의 솔잎들이 어서오라 손짓하면
　　가지들도 덩달아서 흔들흔들 부채질로
　　기쁜마음 운동신경 하늘만큼 선물한다.

40.
세찬바람 막잡이로 소나무를 괴롭히면
모두같이 바람맞아 모두함께 쓰러져도
겁을먹고 물러나는 대책없는 한숨보다
힘을모아 바람막는 방풍판을 만들어서
삶의고비 위기대처 온몸으로 보여주는
거목다운 힘찬용기 수백년을 자랑한다.

41.
숲의고요 조심스레 한데모은 적막속을
명상하는 기분으로 마음따라 걸을때면
재잘대던 참새들이 지저귐을 조심하고
살랑살랑 바람소리 미안해서 뒷걸음질
노래하며 장구치던 딱따구리 도망가니
꿈속에서 꿈꾸는듯 나도몰라 하는구나.

42.
좋아좋아 하동송림 입을모아 칭찬할때
덩달아서 나도좋아 걷는발길 신이나고
마음따라 즐거우며 기분따라 웃음짓네
내보폭은 들쭉날쭉 발걸음은 자박자박
어디선가 처음듣는 발소리가 손짓하듯
날부르는 소리있어 마음보다 먼저왔네.

43.
　나무알고 싶어하면 껍질보고 안다하죠
　나무보호 큰일하고 예쁜무늬 자랑하고
　귀한생명 지키고자 병충해도 막아내며
　눈과비로 목욕하고 거북무늬 반짝이면
　나무다운 멋진모양 사람들이 손뼉치고
　땅의기운 하늘섭리 껍질마다 깃들인다.

44.
　나무의옷 나무껍질 갖옷이요 베옷인데
　존재가치 높인다며 거북등을 빌려와선
　아름답게 치장하려 이리저리 몸쪼개고
　붉은망토 자랑하려 나뭇가지 높이달며
　뼈아프게 헐어내고 제살마져 마구찢는
　고집통이 저오만은 치레아닌 생존투쟁.

45.
　수백년의 낙락장송 붙박이의 처절한삶
　한뼘땅도 만족하며 부동으로 우뚝서고
　응립하고 안존함은 운명이요 시린몸짓
　스스로를 속박시켜 켜켜마다 아린흠집
　현재시간 몰두하며 죽살이친 내적환희
　애면글면 땅의단내 속살깊이 마신다오.

46.
보고싶어 생각나면 눈에살살 떠오른다
친구하고 원족갔던 고향땅의 백사청송
희망갖고 떠돈객지 낙엽보다 서러워서
널껴안고 웃어볼걸 그언제나 그리웠다
꿈에서도 보고싶고 눈만떠도 보고싶어
천리길도 한달음에 꿈속걷듯 달려왔소.

47.
비오는날 소나무는 비맞으며 자라고요
빗물로는 몸을씻어 푸른자태 새롭다오
깨끗해진 마음으로 웃으면서 손님맞고
순풍순우 비보라엔 기쁨으로 춤을추며
태풍부는 폭우때도 뚝심으로 불피풍우
소나무들 거목되니 웅장하고 거룩하다.

48.
솔의향기 숲의기운 피톤치드 소나무힘
꿈꾸듯이 걸으면서 신이나서 손뼉치니
몸과마음 팔과다리 불끈불끈 힘솟고요
낙락장송 바람타고 하늘올라 해잡으면
뿌리수간 가지와잎 굵어지고 단단해져
거목만큼 힘센힘을 벗님에게 선물한다.

49.
   땅의기운 흠모하는 나무뿌리 땅을찾아
   거친땅속 돌과흙을 친구처럼 다스리고
   땀흘리고 훔치면서 물의줄기 수맥찾아
   하루종일 정성드려 생명수를 퍼올려서
   소나무가 크게자라 낙락장송 꿈이루고
   거친바람 이겨내려 땅속깊이 뿌리박다.

50.
   소나무의 나뭇잎이 한뜻으로 마음모아
   녹색으로 숲흔들어 푸른생명 자랑하고
   솔방울을 많이달아 자손번영 앞장서며
   광합성을 크게하여 거목생산 큰일하고
   낙엽되어 떨어지면 거름되어 나무도와
   천고만난 기적으로 나무생명 살린다네.

51.
   솔숲나무 서로엉켜 자기자리 차지할때
   가지들은 햇빛받아 이리뻗고 저리뻗어
   나뭇잎이 광합성을 잘하도록 목숨건다
   사이좋은 친구같이 좁은공간 나눠가진
   휘어지며 어울리는 예술감각 그림같고
   생명바쳐 나뭇잎과 나무등치 살려낸다.

52.
예쁘게도 맵시내어 고운모습 보인다며
맨몸으로 백사장을 이리딩굴 저리딩굴
강노래엔 리듬따라 나이테도 춤을추고
숲속에선 바람따라 고운향기 흔날리며
범종소리 맘에담아 얼굴씻고 읍을하니
소나무는 아름다운 푼더분한 얼굴이다.

53.
이른아침 나혼자서 송경따라 산책나서
큰송로에 젖든말든 구도하는 마음으로
굳은땅이 꺼질세라 한발두발 우보할때
뒤따르던 낯선길손 급하게도 앞지르니
운명따라 살아가고 형편따라 산다지만
마음깊이 진정해도 가늠인생 어뜩하다.

54.
하동송림 찾아오는 이름높은 예술가들
혼을빼는 노력으로 정신없이 둘러보고
아름다움 그려내려 눈도감고 서성댄다
숲의소리 나무절규 찾고찾는 불꽃열정
氣韻생동 그려내려 한평생을 땀에젖은
저마다의 열정으로 꽃이되는 소나무들.

55.
한증막의 여름철엔 숲기운을 맘에두고
조용하고 바람있는 나무그늘 찾아가세
어둠밝음 서로도와 소나무를 그려내면
그늘무늬 아름다운 솔그림은 천상그림
참새들도 찾아와서 그늘무늬 그리고요
새로자란 나무그늘 햇님들도 찾는다오.

56.
가지마다 수간마다 붉고붉은 열정같아
내마음을 휘어잡는 하동송림 태양송은
햇볕같이 이글이글 단풍보다 더욱붉어
사자처럼 포효하니 질주하는 무사철장
붉은망토 입은모습 왕을닮아 만물제압
태양송이 붉어지면 하동송림 붉어진다.

57.
햇빛받은 하동송림 풍광폭탄 터트렸다
새솔순의 새로움을 찾아가는 즐거움은
음즐하는 소나무와 신비로운 일심동체
늘푸름의 녹색물결 기쁨이자 자랑인데
소나무도 시를쓰고 춤을추니 격한감동
나이테의 큰숨결로 讚松歌도 부른다네.

58.
우리나라 소나무는 오천년을 지키면서
배부르게 백의민족 먹여살린 큰일해도
이름없고 존재없이 무명으로 숨어살아
이름찾아 이백여년 힘든여정 천리만리
2015년에 찾은이름 공식명칭 한국적송
내이름을 거룩하게 한다는건 존재가치.

59.
인연으로 처음만난 송림숲과 송림시인
삼백년을 기다려서 오늘에야 만났구나
송림숲은 세상사람 기분좋게 놀려오게
정성다해 품위있고 가치있게 꾸미고요
송림시인 글과시로 온세상에 널리알려
도시의숲 송림공원 별천지의 보석된다.

60.
솔바람이 부는날도 생의패가 안풀리어
제뿌리를 못버리는 하동송림 소나무들
무덤덤한 녹슨생각 작경의병 깊어가도
뛰는심장 솔잎까지 끌어올려 분발하면
못다배운 삶의진실 자연스레 체득하고
야생운명 감당하는 신비스런 힘솟는다.

61.
발딛고선 땅조차도 꼬깃꼬깃 접어물고
소나무를 펴고앉아 노래하고 춤을추니
송림에서 처음만난 연인들도 맘이통해
깊고깊은 녹음속을 맨발로도 찾아가고
높고높은 거목위를 맨손으로 올라가서
햇빛밟고 달빛밟고 난생처음 애무한다.

62.
반짝반짝 송림솔잎 여름땡볕 이겨내고
꿈을쫓아 땀흘림은 나무본령 지키는일
사랑으로 호통치며 가슴뛰게 닦달하니
사람들도 일년내내 늘푸르게 살고싶어
몸의활기 한움큼씩 건강하게 펼쳐내고
희망같은 힘찬부력 활기차게 높여간다.

63.
소나무잎 낙엽되어 떨어지면 갈비라오
푸른날은 녹색으로 나무빛깔 찬란했고
땀흘리며 片片金의 낙락장송 키워냈다
생의경계 넘고보니 속살마져 죽살맞아
찢긴마음 바람따라 하염없이 뒹굴더니
발자국에 밟히면서 바스락을 외쳐댄다.

64.
 푸른잎과 붉은가지 앙상블이 함께하는
 안식처요 꿈이되는 장송경처 하동송림
 삼백년의 오랜염원 당찬기운 모아모아
 새무늬를 새겨주면 나무마다 거목되고
 숲의입자 나무생명 팽팽하게 당겨주니
 뭉쳐있던 숱한설렘 기쁨으로 꽃이핀다.

65.
 열아름이 넘는거목 볼때마다 박수쳐도
 푸른숲속 큰덩치의 푸른주인 눈에삼삼
 장송들이 춤을추는 젊은날의 내숲이여
 소나무의 웅지장지 어찌저리 높을까요
 큰나무의 흔들림은 영혼마져 빼앗는데
 나의꿈을 키워주는 나의우상 낙락장송.

66.
 석양지는 숲그늘에 올때마다 추억놓고
 송백조는 나의마음 나무사랑 시한수에
 소나무의 아픈마음 재빠르게 감전되어
 순금의정 실을꿰어 나의혼에 걸어두고
 푸른숲과 태양송의 평생안녕 빌고비니
 기쁨으로 활개치고 푸름으로 영원하라.

67.
　무뚝뚝한 그누구와 사랑없이 살다보니
　꿈푸르른 하동송림 나의시간 나의사랑
　안으로만 채찍질해 지나새나 널생각코
　네웃음이 내품에서 나와같이 웃어대면
　세월이준 나무무게 나무입김 그리다가
　송림에선 한그루의 소나무가 되고말걸.

68.
　초록여름 초록시절 솔숲천리 솔향만리
　그속의나 빛난눈빛 숲의의미 찾고찾아
　숲을위해 노래하며 몸부림친 생의 환희
　우렁우렁 키워가며 살아온날 사무쳐서
　삼라만상 생명존중 숲의은혜 뼈에새겨
　살아온힘 살아갈힘 숲을위해 헌신한다.

69.
　하동송림 사랑하는 사람들의 고운마음
　숲의웃음 만든뒤에 숲의이름 불러주면
　소나무들 어울려서 박자좋은 송운되어
　사는날의 불완전도 이해하며 받아주고
　괴로움도 나눠갖는 넓은마음 주고받아
　감실대는 숲의풍류 모두함께 즐긴단다.

70.
　솔빛띠고 살아가는 꿈을꾸는 생명들이
　우듬지에 올라와서 삶의열정 쏟고있다
　생의경로 뒤따르던 녹색을띤 희망들이
　땀흘리며 눈물쌓아 천년거목 키워내니
　깊은고통 벅찬운명 보여주는 신의선물
　울퉁불퉁 둥치수간 거목답게 황홀하다.

71.
　지리산의 높은뜻이 거목되라 용기주고
　섬진강수 노래하며 강바람을 선물하면
　하동송림 마음열고 푸름으로 보답하고
　하동땅을 지키려고 뜬눈으로 보초서며
　하동사람 찾아오면 삶의품격 높여주고
　평생건강 지켜주려 푸른기운 옷입힌다.

72.
　어린시절 송림으로 가을소풍 함께가니
　송진내가 코찌르고 눈이놀란 송취송린
　송경따라 노래하며 술래잡기 신났는데
　나눠먹은 송엽죽과 송기송편 배불렀고
　송순주와 송절주는 선생님께 드렸더니
　소나무의 송백조가 독행하라 가르치네.

73.
살다지쳐 송림에와 고물가방 내려놓고
삶의고통 덜어내려 고개숙여 한숨쉬며
분노불꽃 꽉깨무는 좌불안석 병든사내
두손발이 쥐가나서 거목잡고 일어서니
산들바람 불어오고 밝은햇살 온기주며
소나무의 푸른기운 온몸곳곳 감싸주네.

74.
천여그루 노송들이 빽빽하게 둘러싸니
하동송림 하상정은 송정으론 으뜸이죠
열개뿐인 큰 기둥이 기와지붕 떠받치고
도리위의 아름다운 서까래는 일백두개
마루바닥 튼튼하고 대들보는 우람해서
사람온기 꽃이되는 행사들로 북적댄다.

75.
하동송림 소요하는 散人들의 여유로움
맞설용기 내려놓고 허둥지둥 너그럽고
느린동작 꿈틀대며 더딘걸음 내딛고서
명상찾아 인생찾아 이리저리 허둥대니
깡충뛰는 푸른녹음 머리위에 가득한데
또다른나 어디있나 발끝으로 후벼판다.

76.
　　송림향기 맡을때면 잠깬영혼 약동하며
　　숲의감각 느낄때면 삶의기쁨 달려오고
　　송림존재 알아주면 숲의온기 가득찬다
　　숲의슬픔 보듬으니 같은슬픔 다른아픔
　　늦친마음 존중하니 어울린삶 아름답고
　　숲의실체 공유하니 송림사랑 날개단다.

77.
　　녹우맞은 하동송림 포동포동 새파랗다
　　푸른잎은 빛이나고 나무내음 향긋한데
　　물을 먹은 소나무들 달빛따라 하늘날아
　　창조원천 뿌려주니 온세상이 千山萬水
　　물의신이 내려주는 생명수로 살아가는
　　나의 마음 임의 얼굴 물이오른 소나무다.

78.
　　마음속의 소나무를 닮고싶어 안달하며
　　내일이면 늦다면서 재촉하는 절규따라
　　하루라도 못볼까봐 애태우는 속의 맛과
　　흔들림을 뿌리치고 어디까지 동행할지
　　고민하는 순한심성 간절하게 보여주니
　　가슴아려 눈물짓고 웃음으로 짓낸다네.

79.
　의성봉화 금강송은 궁궐지은 건축재요
　안면도의 소나무로 경복궁을 세웠다네
　하동송림 태양송은 황장목인 적송인데
　신이깃든 신목으로 사람들의 심성순화
　장생불사 이뤄주고 송수천년 교훈주니
　鎭山같은 보물이고 벨수없는 보호수다.

80.
　대장군도 여장군도 닮지않은 창작장승
　발가벗은 익살군의 의뭉스런 모습으로
　송림찾는 벗님들께 웃음으로 교훈준다
　고사목이 재생하여 부릅뜬눈 일갈하길
　잡귀침입 막아주니 부유인생 내던지고
　불로장생 내것인양 호탕하게 웃으란다.

81.
　큰상처도 훈장처럼 뽐내면서 우뚝서니
　눈물겨운 生의환희 뭉툭하게 만져진다
　벼락맞아 갈라지고 병충해에 멍들어도
　동료들의 질시만큼 무서운 것 없었기에
　그림자도 아껴쓰고 햇빛일랑 듬뿍받아
　낙락장송 큰길가는 푸른용기 옹골차다.

82.
송림가면 소나무가 날부르는 낌새있다
반갑다고 인사하면 기쁨으로 날찾을까
뭔소린지 바람따라 귀기울어 들어보니
소나무의 마음담은 삶의얘기 같긴한데
감각둔해 알수없고 듣는방법 아직몰라
널반기는 내간절함 허공에떠 무음되네.

83.
나의관심 오직너뿐 온몸곳곳 널느끼면
그립다고 눈물나고 힘들다고 땀이나요
눈뜰때도 너만보고 잠잘때도 너만꿈꿔
달콤아련 평생친구 소나무만 생각하니
내눈물이 마음데워 그리움이 눈앞가려
숨그치고 못볼때도 그순간도 사랑할께.

84.
낙락장송 널 만나려 한평생을 기다렸다
눈앞닥친 큰 일들과 아픈일은 무엇이고
삼백년을 이겨내고 이어온 힘 알고싶고
무쇠처럼 변치않는 고집뚝심 본받고자
기다림은 고통이고 애린마음 고달파도
대원성취 참모습을 닮고싶어 목을맨다.

85.
　지친영혼 달래려고 시하나쯤 품고살며
　낯설어한 내자신의 문제자체 사랑하면
　풀지못한 응어리도 자연스레 풀어지고
　삶의보람 生의기쁨 아름답게 누리면서
　송림지킬 큰일들도 거뜬하게 해치우니
　오늘하루 살아있음 기적이요 은혜라네.

86.
　송림찾은 한량들의 一去一來 일거일동
　귀기울어 알아내고 눈부릅떠 살핀다오
　보살핌을 자랑삼아 기쁨으로 서로돕고
　숲사랑과 나무존중 하늘만큼 펼쳐가며
　친구같이 안아주고 가족같이 돌보는지
　한평생을 仁惠하며 삶의전부 쏟을건지.

87.
　팔십인생 고민걱정 부끄럽게 손에들고
　송림공원 찾아가서 풀어놓고 눈물짓네
　건곤일척 승부수를 못던진것 후회하고
　형편따라 살아온일 가슴으로 탄식하니
　큰용기로 발심하면 새역사에 이름남길
　정신승리 이룬다고 낙락장송 귀띔하네.

88.
　　소나무는 백목지장 신의나무 만수지왕
　　사절춘색 푸른잎은 절개의지 상징하고
　　왼새끼의 금줄에다 나뭇가지 꿰어두면
　　제의공간 신성하고 잡귀부정 침입방지
　　솔잎솔씨 장생식품 꿈속솔은 집안번창
　　일생토록 독야청청 초목군자 정정하다.

89.
　　파랑새가 찾아오는 하늘아래 별천지에
　　푸른빛깔 더욱고운 낙락장송 솔밭천지
　　꼬마들은 왁자지껄 젊은이들 모두쌍쌍
　　웃는얼굴 예쁜마음 풍류랑이 시를쓰고,
　　오대양의 거친숨결 하동포구 감싸주니
　　덩실대는 하동송림 온몸으로 기뻐한다.

90.
　　오는봄이 손뼉치면 짙은녹음 내려앉아
　　다정스런 모습으로 푸른노래 읊조리니
　　솔가지는 팔랑팔랑 솔뿌리도 삐응삐응
　　하동젖줄 섬진강물 파란물빛 더욱맑아
　　오대양의 힘찬기운 하동포구 받쳐주고
　　푸른솔을 보듬으니 하동송림 덩실댄다.

91.
　자색안개 타고오는 신선님이 웃으실때
　청학백학 난새들이 내집인양 깃들이면
　원앙새와 산비둘기 짝을지어 날아들고
　두루미와 큰기러기 까치들이 몰려오며
　봉황새가 앞서날아 무위이화 앞당기니
　청학동의 이상향이 송림에서 펼쳐진다.

92.
　우뚝솟은 낙락장송 하늘높이 활개치면
　세상구할 용기넘쳐 활짝웃는 태평얼굴
　높고큰뜻 이루리라 다짐하는 하동사람
　천공해활 앞세우며 세상천지 호령하니
　지리산과 섬진강이 손뼉치며 응원하고
　남해바다 출렁이며 큰세계로 안내한다.

세 번째 이야기

인생의 아름다움

나의 어머니

친구와 싸워 코피 흘림 보시고
지지리 못남은 제 덜된 탓이고
자식 구실 제대로 못함 보시고
효심 모자람은 제 못난 탓이지만

한 번 삶은 보리밥 먹는 걸 보시고
배고픔 못 견딤은 당신 탓이며
긴 콩밭 맨다고 씩씩댐 보시고
다부지지 못함은 당신 탓이라.

전주 최씨 가문 빛낼 육남매
낳고 키우신 은혜에 보답하는
수모시 한 수 올리지 못했어도
장롱 속 녹슨 은비녀 찾아내고
울면서 감격하는 불효자 있으니
어머님은 사랑으로 따스한 분이셨고
자식 사랑은 가이없었기에
아들은 어머니 품에서 여물었습니다.

아버지를 기억하며

전주 최씨 후손임을 자랑하시면서
논밭에서 땡볕보다 뜨겁게 일하셨고
무서운 황소 부리며 달구지로 큰 짐 나르느라
땀빠지게 애쓰셨습니다.
아버지의 사진 한 장 없어서인지
지금은 아버지의 얼굴도 모르는 자식입니다.
아버지를 편히 모신 의자는 못돼도
후회도 세월 가면 그리움이 되듯
운 좋게 아버지를 모시고 논밭에 왔다면
어떤 말씀을 내게 해주셨을까요?
아마도 씩씩하게 자라 나라의 기둥 되라고
엄하게 그리고 자애롭게 당부하셨겠죠.
지금 꿈속에 계신 아버지를 기억한다고
얼굴도 모르는 불효를 용서해 주실까요?
자식 키우느라 고생하시며 연익 주신
억척같이 사신 아버지에 대한 어리광은
얼굴 한 번 보여주시고
말씀 한마디 해주시길 고대하는
때늦은 절규도 효도라면 얼마나 좋을까요?

천리길 달려온 벗님

날 어떻게 생각했기에
내가 선 그 자리를 가슴에 새겼다가
눈 감고도 찾아오는 사람.
두고두고 간직한 애틋함이 하늘 울렸는지
두 발로 쿵쿵거리며 폼 나게 걸으니
그 모습이 어찌나 예쁜지요.
만나는 기쁨만큼 신나는 일 있을까?
푸른 잎이 반짝이며 반기고
아름다운 우정 보이는 나뭇가지가 손 흔들면
송림 찾아 천리 길 달려온 벗님이 웃는다.

날 무엇으로 여겼기에
내가 있던 그 자리를 마음에 담았다가
잊지 않고 찾아오는 사람.
오늘은 무슨 얘기 나눌까 고민고민 애쓰며
두 발로 선듯선듯 큰 걸음으로 나서니
그 마음이 천사를 닮았구요.
찾아주는 사람만큼 예쁜 얼굴 있을까?
반갑다고 꾀꼬리들이 노래할 때
소나무들이 영차영차 손님맞이로 땀빠지면
인생을 지고 오는 벗님의 얼굴이 빨갛다.

나는 초록 그리움

소나무들이 친구처럼 서 있는
멀리서 본 풀밭은 초록 그림.
어쩜 이렇게 내 맘 홀리는지
연초록 파문 따라 물살처럼 끌려 갈 때
풀들이 부르는 생명의 노래와
같은 듯 서로 다른 아름다운 초록이
싱그런 풀 향내로 찬 마음 데워주니
나는 설렘의 초록 풀잎 키우는
무성한 풀밭의 한 포기 풀이요
초록 꿈꾸는 초록 꿈의 초록 풀포기.
좁은 틈새에서 이리저리 밀려도
작은 잎줄기에서 뿜어내는 생명력은
온 대지를 덮고도 남는다.
논밭의 기음 처지 아니라며
망초와 바랭이는 키만큼 뽐내나
질경이와 토끼풀은 키만큼 안쓰럽다.
정이 들면 때가 오듯
오랜 설렘으로 예쁜 꽃 피우면
벌과 나비들 찾아와 꿀 먹고,
꿀맛 본 입맛이 또 꽃 찾으려
풀밭 따라 풀밭 위로 벌 나비 분주하다.
내가 선 풀밭은 초록 그리움인가
초록에 묻혀 세월도 잊고 그냥
초록에 물든 몸과 맘 그대로 초록.

아름다운 옛 노래

송림공원에서 난생 처음 보았다오.
정신 줄을 놓고 꿈꾸듯
작은 눈이 크게 떠지고, 다문 입이 떡 벌어졌지요.
그녀의 하얀 원피스는 온 숲을 채웠고,
햇빛 받아 찰랑거리는 흰 색이 내 눈을 쏘았고요.
햇볕가린 챙 넓은 모자가 그녀의 발걸음을
재촉할수록 내 마음은 더욱 바빠졌다오.
저 멀리 멀어져 보이지 않을 때까지
뒷모습이나마 잡아보려 눈을 깜박거렸지요.
입 안에서는 목구멍이 타는지 침샘은 거위 침,
양손에는 진땀, 심장은 두근두근 했다오.
시간, 거리, 편견을 뛰어넘어
나의 선녀는 순순하고 순정했기에
두 마리가 함께 일하는 겨릿소의 인연 바라며
웃음 짓던 바로 그 사람 이였어요.
그대 마음 훔쳐 고이 간직했기에
오직 내 관심 속에 묶어두고 싶어
가슴의 화로가 뜨거워 오는데도
멍청하고 용기 없어 머뭇거리다가 그만 놓쳐버리고,
아무런 대책 없이 발만 동동거렸다오.
나는 사랑하고, 그대는 나의 사랑 받는 일이
하늘의 뜻이라면 얼마나 좋을까요.

위험한 폭탄

나는야 위험한 폭탄
언제 어디서 터질지 모른다오.
누가 무엇을 어떻게 할지도요.
평생 모은 양이라 굉장해요.
발파용이냐 자폭용이냐
그건 내 의지요 운명
혹 착한 숙명이 거든다면 행운.
뜻 세우고 이름 빛내려
노심초사 부지런히 모으면서
자신을 아름답게 밝혀 줄
자화상의 당차고 쿨한 눈빛이
존재를 거룩하게 하고
귀한 인연으로 연결하길
열정으로 고대했죠.
남은 인생이 끝나가는 지금
이제 결단 내려야겠죠.
용기 없어 허송세월하면
그 폭탄 무슨 쓸모요.
속박에 갇혀 무능해지고
평균적인 삶이 안전하다는 관습에서
과감히 벗어나야 할 순간에도
발파용이냐 자폭용이냐
우왕좌왕하는 모습 안타깝다.

솔바람 화장실

송림의 푸른 솔밭을 푸른 마음으로
젊은이 흉내 내며 걸으니
노인 아니랄까 땀나고 호흡이 빨라진다.
때마침 바람 불어와 다리에 기운 돋울 때
배에서 꽐꽐 거리는 소리 나더니 볼 일이 생기네요.
급한 설사가 아니라서 다행이라며
두리번거리니 솔바람 화장실이 손짓한다.
간판의 글씨체가 솔을 닮아 신기한데
솔과 바람도 뒷간에서 볼 일 보나요?
급할수록 몇 배 더 반가운 곳 변소.
몸을 뒤틀고 아랫배에 힘주면서
작은 것, 큰 것, 소리 나는 방귀는 물론
몸의 아픔과 마음의 짐까지도 다 비우고,
명상에 드니 순간에 진리에 도달한다.
이젠 스스럼없이 자연 같은 친구라며 환영해주는
그 솔바람으로 기분 좋게 싱긋이 웃어본다.
얼굴을 멋지게 꾸미는 화장실에서
세상의 한 숨과 짓눌린 억울함도 내려놓고,
아웅다웅 다툼도 훌쩍 던져버리니
똥창 맞다며 솔과 바람용 화장실이
겨우 똥주머니 신세 벗어난 나에게
'비우면 가볍다. 비워야 아름답다.'며
뜻 모를 작별인사를 한다.

나는야 백수건달

어뜩비뜩 하는 횃대 밑 사내로
일마다 밥 질더니 이 모양 이 꼴
일 없고 있어도 못하는 백수건달.
제법인양 나만의 아름다움 찾아
손톱 여물을 썰곤 했지만
늘쌍 삿대질이나 희영수하면서
하수하고 만강함만 바라며 밴둥밴둥하니
피천 한 잎 없고 군색한 나무거울.
면벽하며 백수 북면해도
뱃심이 좋다는 평판뿐이요.
동기가 아름다운 일 욕심은
이미 날 떠난 오랜 과거이고,
가끔가다 배참하고 반지빠른
나는야 지청구하는 뱃놈의 개.
그래도 순순하고 순천했기에
꿈속에 호박이 덩굴째 굴렀는지
한줌의 미래위해 걷고 뛰고
앞선 바람보다 먼저 웃으니
어련무던한 순정의 백수풍신 되었나
발걸음 가볍고 신났다.

맨몸으로 비를 맞는 사람

비가 오면 만물이 젖지요.
땅도, 동식물도, 사람도 모두 다.
비의 이야기와 풍요를 기리며
온 몸으로 젖기도 하고, 우산 받으며 젖기도 하지요.
큰 가뭄에 물방울 보고 절하던 사람도 비에 젖고,
긴 장마가 지겨워 한 숨 쉬는 사람도 비에 젖고,
만혼에 첫 아기 낳고 기저귀 말리다 비에 젖고,
1등 당첨된 줄 모르고 무심코 버린 복권도 비에 젖고,
기뻐서 웃다가 슬퍼서 울다가 비오는 줄 모르고 젖고,
뼈가 부러지는 고통 참으려 차라리 폭우에 젖고,
암으로 사경 헤맨 환자가 낫는다는 기쁨에 젖고,
사업실패로 심신이 망가진 사장님은 분노에 젖고,
첫사랑에 취한 로맨스그레이들은 행복에 젖고,
등단 소식 들은 시인이 빗속에서도 환호하며 젖었지요.
우리네 인생이 비 맞았다고 달라지지 않겠지만
그 무덥던 여름의 줄비는 만물을 살렸다나요.
난 비가 오면 맨몸으로 뛰어나가겠습니다.

섬진강의 이야기

물 맑은 섬진강 보노라면
수줍게 날 반김 알겠다.
강물 보며 내 마음 다독이니
눈알도 강물에 비쳐 윤슬처럼 반짝반짝.
우부룩 풀 자란 기슭에 강물이 부딪치면
물 속 자갈들이 어룽어룽 내비치고,
강바닥 느린 물 흐름 따라
물고기와 소금쟁이 신나게 놀 때
감춰둔 내 한숨이 떠내려갔다.
그 때 강물이 내게 말을 걸어온다.
무슨 말일까 궁금해 물 속 보니
귀넘어들었는지 이야기는 없고 물소리만 있다.
무작정 물속에 들어가야만 들을 수 있을까?
아니야, 내가 먼저 얘기 꺼내면
물방울로 만든 강물의 노래와
숨기고 숨긴 아픈 사연 토해내겠지.
아니다 싶으면 흘러서 사랑으로 적시는 강물처럼
날마다 새롭고 깊어지고 넓어지라고 말하겠지.
먼 훗날 강의 당부 잊었노라 말할까?

섬진강과 하동송림

오랜 친구이자 영원한 벗이라
하루라도 못 보면 눈 아프고
어딜 가도 따라가야 직성 풀리며
정성으로 아껴주니 무동산이 웃고
강바람과 솔바람이 서로 도와
강의 기쁨 숲의 아픔 이해하며
물 내음과 숲 냄새로 정 나눈다.

섬진강이 웃으면서 자랑으로
남해바다 힘찬 기운 뽐내면서
지리산의 높은 기상 나눠주니
하동송림 독야청청 높이 날아
낙락장송 멋진 모습 으쓱대며
숲의 기운 솔의 향기 선물한다.

벗님네들 강도 보고 숲도 보며
강과 숲이 함께 있는 회심처라며
장강기운 거목의 힘 손에 쥐니
강보다 길고 긴 생명 빛내고
숲보다 향기로운 사랑 펼친다.

섬진강 풍경

맑게 살랑이는 바람 같은 강 물결이
물안개로 피어난 꽃길의 섬진강은요
오백 리 물길 따라 산길 따라 바람 따라
물오리, 기러기, 원앙들의 노래 자랑 신나고,
숭어는 물살 가르며 한 번에 다섯 번 뛰면
구수한 물 맛 찾아 재첩들 이리 뒹굴 또 뒹굴.
매화와 벚꽃피자 연인들 강물에 발 담그고,
꽃잎 띄워 보내며 사랑놀이 한창인데
흰 돛단배로 만물 실어 나른 나루터엔
사투리로 영호남이 얼싸안은 사연 있다.
풀 섬 속에 참게, 은어, 물고기들 새끼치고,
숨바꼭질 두꺼비와 맹꽁이 해가는 줄 모른다.
큰 장마 황톳물이 온 강을 넓혀가며
점령군처럼 도도하게 거침없이 흘러가고,
지리산 향해 물밀 듯 오르는 태평양 물살은
강 살찌우고 세상이치도 바꾼다오.
백차일 치듯 많은 인파 송림에서 춤추면
여인의 속살보다 희디흰 모래들 박수친다.
하늘이 베풀고 지리산이 도운
강물로 숨은 쉰 아름다운 풍경은
산 빛 찾아 물 내음 찾아 꿈 속 걷는 길
그런 섬진강이 나를 보듯 나도 섬진강 본다오.

좋은 사람

밤중에 시 쓰다가
책상에 엎드려 죽는 것이 나의 바램.
죽음은 자연현상이라는데
땅내가 고소해지면 받아 들여야지.
아름다운 인생을 목표로
나름대로 땀 흘렸지만……
비전 없이 형편 따라 살다보니
내 안에 갇힌 눈 뜬 장님이었지.
뒤돌아보면
건곤일척의 승부수를 못 던진 것이
돌이킬 수 없는 평생의 큰 실수.
위인전을 읽고도 이야기로만 알고,
세상 구하는 용기와 지혜를 몰랐네.
생로병사의 운명 따라
이제 모든 것 내려놓아야 한다네.
누가 내 이름 기억하며
송림을 사랑해 '하동송림 찬가' 쓴
좋은 사람이었다고 생각해줄까요?

나의 시

손 때 묻은 나의 시가
시를 좋아하는 사람들의 노래가 되어
가끔씩 그들의 마음을 데워주며
내 마음을 보였기에 그들의 마음에 닿아
푸르른 삶의 기쁨을 듬뿍 주고,
소나무와 주고받은 우리의 고뇌들을
동감이라며 박수쳐주며
너와 나의 그 많은 사연들이 특별하기에
핏줄 속을 흐르는 생명수라며 환호하고,
소나무와 함께 한 하루하루의 시간들을
그토록 간절했던 하루살이 생의 무게만큼 보냈으며
붙박이의 신세를 진정으로 안타까워하고,
움직임이 늘 좋은 것은 아니라며 격려했으니,
울연한 소나무의 뜨거운 사랑에 겁먹어도
소나무의 아픔을 보듬기 위해 눈 뜨고 귀를 열어
시의 힘으로 내 침묵을 다듬어서
뿌리가 나뭇잎을 푸르게 할 때까지
나의 시가요.
송림의 소나무를 아름답게 이야기할래요.

나의 시 공부

시 공부한다며 많은 시 들을 읽었다.
읽은 시들은 제목에 맞게 내용과 표현이 독특하고,
詩句들이 부드럽고 아름답다.
세상사 어지러워 생각 없이 살다보니
생각을 보이는 시들이 사정없이 나를 때린다.
삶의 정점에서 춤추는 계관시인들의 文有十宜가
詩句에서 빛 발할 때
그 빛에 쪼인 내 시들이 행간을 헤집고,
나를 들어 올려 주었으면 좋으련만.
의욕은 대단해도 미숙한 생각과 말더듬이 표현이
나를 일깨워 주지 못하고,
필요한 극적 효과와 입담 같은 인생의 여백이 없다.
그래도 어쩌겠소.
반딧불이가 폭풍에도 빛을 반짝이듯
머리를 쥐어짜고 가슴을 두드리며
붉은 매실 초에 담근 신 매실을 먹고 난 뒤 그 느낌을
'맛이 셔도 너무 셨다.'라는 표현을 본 삼아
꾸미지 않은 싱싱한 상상과
온 몸으로 부딪친 삶의 상처 같은
그 詩句를 찾아
방앗간이 웅얼대듯 혼자서 옹알대리라.

나의 상상세계

교직 외길 40년 인생이라서
넓은 세상, 다양한 삶 모르고,
남의 뜻 넘겨짚는 얄팍한 기지로 본
짧은 생각 속에 갇힌 상상세계는요
서툰 문자로 더듬거리는 시인은 부끄러운 줄 몰라도
길가 틈새의 잡초는 발자국 소리에 놀라고,
불길 현장의 인부는 시간을 땀으로 세며
청춘사업에 목숨 거는 이는 심장 태우고,
카지노에서 돈 따는 일은 순간의 요행이나
보이스피싱은 속임과 속임 당함의 경계이고,
마약에 취한 외도는 모두를 망치는 경우이며
극한 직업 자랑하는 일은 용기와 체력이고,
수십억번 행운아는 시대를 먼저 읽은 보상이나
외톨이의 고독과 적막은 나름의 가치이겠지요.
날 것과 웃음 그리고 눈물로 뒤섞인
앞, 뒤, 아래, 양 옆이 주는 의미와
과거, 현재, 미래에도 보기 어려운
나, 너, 우리, 또 다른 군상들의
상상도 못하는 서로 다른 삶을 상상하며
운명대로 자신의 선택 따라 살아감은
평생 운세이며 신의 섭리라는 모호성을
단호히 거부했다고 나의 시에 써볼까요.

금메달의 위트

땀과 눈물의 금메달이
내 노력의 결과라며
재미있는 위트를 남겼대요.
나를 마지막에 만나면
그는 은메달 감이어요.
결정타를 날린 뒤에야
'나는 질 자신이 없었어요.'
엄마가 울고 있어도
'엄마 봤나' 말한 뒤 웃고요.
긴장되지 않았느냐 했더니
'상대편이 더 떨었을걸요.'
모두가 나를 인정했기에
그 날 금메달이 왔어요.
3관왕 직후 세리머니 한 후
바늘구멍을 통과해버렸다며 설명하고요.
3관왕에 젖어있지 않겠다
해 뜨면 마르듯 다시 도전 등
배꼽 빼게 하는 튀는 말도
우승해야 힘 생긴 다네요.
기뻐서 응원하며 박수치는 사람도
위트와 우스개가 필요할까요?

금메달 : 파리 올림픽 금메달 리스트

고서는 나의 친구

일천권의 고서들은 나의 친구
크거나 작고, 두껍거나 얇은 모양이 정겹고,
얌전히 서가에 있는 모습은 날 닮았네요.
표지가 너덜너덜하고, 쾌쾌한 냄새가 역겨워도
내 손때 묻었기에 기쁘게 바라보죠.
얼룩, 낙서, 흉터는 눈에 보이는데
사람, 세상, 교훈은 찾을 수 없어 난감했죠.
그 까짓것 못 찾으면 어때, 내 책인걸요.
처음부터 끝까지
빨리 읽어보라는 아우성 듣고도
지금 바쁘니 나중에 보자는 거짓말.
시공을 뛰어넘는 메시지는 이해 못해도
책장을 넘기면서 이야기를 찾을 때
좀 더 공부하라는 말을 듣고선
뜨끔하여 얼굴이 홍당무가 되었고요.
어쩔 수 없이 이것저것 무시하고,
저자의 생각과 문장의 아름다움 찾아
이렇고 저렇고 남의 눈치 아랑곳 없이
책의 첫 장부터 눈을 혹사시킵니다.

책을 읽다보면

교양 쌓고, 견문 넓히려 책을 읽었다.
동천지 감귀신에 감동할 줄 모르고,
몇 장을 읽고 나니 책 속에 수표가 있어
횡재구나! 하며 서점에 가 시집을 샀다.
혹시나 하고 후속편을 읽으니
고가의 옛 우표가 있었다. 경매장에 가서 팔았다.
이번에는 읽지 않고
책장을 여러 장 넘겨보니 뜻밖에
애인에게서 받은 편지와 부치지 못한 답장이
나란히 머리를 맞대고 있었고,
계속 넘기면서 찾아보니 '이상의 시, 괴델의 수'를
소개하는 신문도 있었다.
저자의 생각과 글의 기운을 알 것 같기도 했지만
책을 읽기보다 보관해도 좋다는 것을 처음 알았다.
안타깝게도 땀 흘려 일할 생각 팽개치고는
세상일이란 우연의 연속일 수도 있고,
고급 문화를 즐기다보면 삶도 고급에 물든다는
엉뚱한 허상에 빠져
오늘 서서히 병들어가는 나를 보았다.

하동은 나의 중심

인생의 중심 찾아 하동에 와서
산과 강, 바다의 중심에 서니
천하가 그림같이 한 눈에 보이고
아름다운 삼포의 별천지도 보이며
청학과 어울려 춤추는 풍류랑도 보이네요.

인생의 중심 찾아 하동에 와
학연과 지연, 인연의 중심에 서서
땅바닥에서도 믿음 찾는 안목 키우고
어른의 인품과 영향력 알고 본받으니
무조건 뛰어든 세상에서도 중심 잡네요.

인생의 중심 찾아 하동에 와서
농업과 수산업, 공업의 중심에 서니
첨단산업의 가치가 한 눈에 보이고
발전하는 산업의 중심축인 경영자 만나서
땀 흘리는 전사들의 첨단기술 배우네요.

인생의 중심 찾아 하동에 와서
고유의 문화와 예술의 중심 만나려니
고뇌와 아픔으로 삶을 꽃피우는
신과 같은 눈빛과 무심, 솜씨 배워야 하고
기인과 선인의 작품도 볼 줄 알아야 하네.

송림과 섬진강

일 년 내내 마주보며 얘기하고
삼백여 년 함께하며 정을 쌓아
목숨 걸고 아껴주는 인연 보소.
산신이 춤추는 무동산이 부러워하고
백사청송의 백사가 둘 사이에서 질투하나
숲은 강을 기리고 강은 숲을 기리듯
송림과 섬진강은 천하에 둘도 없이 어울리는
서로의 마음을 사로잡은 천년지기요
한 몸처럼 생각하는 이웃사촌이라네.
송림은 붙박이의 강인과 열정 자랑하고
늘 푸른 기상 뽐내면서 솔향기 선물하며
솔바람 따라 나뭇가지 흔들어 노래하고
천여그루 소나무들의 별난 사연 들려주면
섬진강은 움직이는 율동과 천변만화 보이고
강변에서 살아가는 생명들을 보살피며
오백 리 흘러 흘러 강의 역사 써가면서
남해바다 힘찬 기운으로 하동포구 빛낸다네.
송림에 온 벗님들 숲도 보고 강도 보며
서로 돕고 아끼는 진한 우정에 깜짝 놀라
숲의 향기, 강의 기운 가슴에 담고
숲보다 향기로운 이웃사랑 펼치며
강보다 유장한 은혜와 관용 베푼다네.

네 번째 이야기
하동송림 시선

太陽松

아!
해보다 뜨거운 붉음으로
넓이보다 높이 꿈꾸는 적송
햇빛 받아 그지없이 아름답고,
陰影 따라 끝없이 황홀해도
참 부끄러워 얼굴 빨개졌다.
오!
비늘 같은 껍질 옷 입어도
안으로 타는 불기운
萬年不敗의 대궐 기둥 만드니
송림의 자랑인
당신은 萬樹之王·太陽松
이제야
햇살 더욱 밝아지니
하동을 태양같이 빛내리라.

* 태양송 : 하동송림 한국 적송의 새 이름

풀 냄새

방아깨비 신나게 나는
풀밭에 누우니
편안하고 포근하오.
먼데 山 다가오고
구름은 한가히 떠돌아
친정에 온 것 같소.
부엌에서 풍기는 냇내
어머님의 손맛 인양
풀 냄새는 고향의 맛.
코를 벌렁거리면
왈칵 진하게 다가와
지친 마음 다독이고,
삶의 신성함 일깨우니
순하고 순한 자연의 맛
온몸 사르르 녹인다오.
내 등에 스며든
풀 냄새에 취해 사는 일
평생의 소원이고 행복.
오늘 마음껏 취해 보는
발가벗은 풀의 유혹.

하동송림의 노래

천하제일 하동송림 어디 있소?
풍문 듣고 벚꽃 필 때 찾아오니
백사청송 아름다움 기막힌 걸
와서 보니 그렇구려 정말일세.
푸른 기상 하늘 높이 뻗어가고,
반가움과 편안함이 기쁨 주니
숲에 안긴 사람들이 사랑 옵네.

이름 좋은 하동송림 여기 있소.
녹주옥빛 낙락장송 보기 좋아
사시사철 풍류랑들 찾아와서
솔향기에 맘껏 취해 웃음 짓고,
마음속의 푸르름을 시로 쓰니
情이 많은 하동 노래 리듬 따라
섬진강이 흘러가며 福을 주네.

하동의 죽로차

三神山 봉우리에
눈보라 휘날릴 때
靑노루 山 내려와
야생차 밭 쏘다니면,
꽃피울 꽃봉오리
마음만 제 바빠
올망졸망 쏙 고개 내밀고,
융동설한 깊을수록
푸르름 더한 녹차 잎
햇살에 반짝인다.
아이야!
화롯불에 곱돌솥 올려
죽로차 다려 내어
쌍계사 범종 울릴 때
청학 타고 오시는
神仙님께 드리면,
쌍계·석문 쓰신
최고운 선생과 마음으로 마시다가
맛과 향에 취했다는
하늘에 퍼진 소문 듣고
달도 별도 서둘러
호리병 속 별천지
하동으로 온다.

대경 아파트 (하동대경송림타운)

보라!
하늘의 정기와 땅의 힘줄기로
우뚝 솟은 아파트.
갈마산이 치켜세우고,
섬진강이 따뜻하게 품은 要地를
송림이 푸른 기운으로 감싸주니
사람 살 곳 으뜸이다.

물 같은 마음과 해의 열정으로
서로 돕는 인정이 곱고,
이사 오길 잘했다며 자랑하느라
만나는 입주민마다 활기 넘쳐
언제 봐도 씩씩하고 아름답다.

하동읍 경서대로 71에
행운과 부귀가 제 발로 와
집집마다 건강과 사랑 넘치고,
살아갈수록 情이 더해진
30년 이웃 소통의 자랑이
온기를 더해 신참도 반긴다.

음악분수의 빛과 음악이
즐거움과 꿈꾸는 리듬주어

찬란한 미래를 앞장서 이끄니
파랑새 날고, 젊음이 춤추며
웃음 따라 福이 온다.

오!
천지신명이 함께 하시어
천년만년 지켜주시니
가족끼리 힘 모아 탑 세우고,
모두들 뜻대로 소원 이룬다.

조용히 살아도 사람이 존경받는
편안하고 아늑한 대경아파트.
물, 전기, 가스 걱정 없어
나도 좋고, 우리는 더 좋은
하동의 제일류 보금자리라!

하동송림의 마음 · 1

마음에 소나무 심는
삶의 기쁨 찾다가
초록세상 만나는 행운.
사랑한다 푸른 송림
낙락장송 태양송아!
아기 때나 커서나 평생
눈만 뜨면 달려가고,
발걸음 떼면 송림으로
내가 한 일 그것 뿐.
타오르는 시심과 함께 한
오, 나의 친구여!
나의 숨결 나의 기쁨.
너는 내게 바라는 것 없지만
나는 너의 품속에서
그늘의 아름다움 드러내는
한 그루 소나무로 우뚝 서
푸른 기운 뽐내리라!

※ 태양송 : 송림의 한국 적송 새로운 이름

지리산 등정

한 노인의 오백 번 등정 소식에 반해
칠십년 인생무게로 지리산 올랐네.
마른 몸에 땀나고 발걸음 가벼우니
천왕봉이 이끌며 산신령이 밀었을까?
산행은 마음을 씻으며 나를 찾는 여행.
정상에 우뚝 선 기쁨이 하늘에 닿았는지
만리 운해 내려 보니 큰 뜻 보이고,
해 뜨고 달 지는 이치 알 듯도 하다.
큰 봉우리들과 넓은 땅 발아래 두니
천왕과 신선의 德 스스로 본 받고,
아름답고 웅혼한 기상 움켜잡아
평생에 못 이룬 꿈 새로 꿈꾼다.
물맛이 신비한 개울이 노래하고,
희귀한 산야초와 야생화가 지천인
어머니 품처럼 푸근한 聖人의 산
모두가 바라는 불로장생의 신세계를
백두대간 정기와 섭리에 힘입어
당신을 어떻게 사랑할 것인가를 생각하며
때 묻지 않은 몸으로 다시 찾으리.

내고향 남포동

어릴적 고향 노래 다시 부르니
얼마나 그리웠던지 눈물 나네
이름도 정다운 내고향 南浦洞.
부모님의 사랑 거룩하며
음석 받아준 선배들 고맙고,
친구와 고인돌 찾아 뛰논 추억
뜨거운 가슴에 담아
애면글면 本土 가꾸는데,
고향 떠난 사람들 돌아와
산토끼와 꿩도 찾는 새집 지어
두레에 모여 달디단 情 나누니
논밭의 곡식은 저절로 익고,
고려 말 70여년간의 남해현청과
仁川書院 있던 양반 동네답게
玉樹들 글 읽는 소리 낭랑하며
산 좋고 물 맑아 三災 모르니
살림살이 탁탁하고,
순박하고 어진 마음으로
함께 즐기는 신나는 마을
언제나 웃음과 행복이 꽃핀답니다.

하동 찬가 · 5

하동 땅에 흘러온
백두대간 기운으로
發福 깃발 휘날리니
하늘의 뜻인가
큰 인물 이어 나고,

선유동천 이상향의
산, 강, 바다와
不二鄕 신바람이
청학 깨워 춤추니
하동은 한국의 별천지.

높고 큰 시선으로
하동 사람 자랑하듯
첨단 산업 일으켜
살기 좋은 터전에
위대한 새 도시 세워

한다사의 꿈 빛내는
당당한 기백의 선비들
자신의 뿌듯한 삶 살며
불타는 애향심으로
하동 정신 꽃 피운다.

하동 찬가 · 6

지리산 기운 받아
선조 얼 깃든 땅
비 오니 풍년 들고,
애쓴 보람 꽃 피자
차 향기 더욱 짙어

깨달음 이끄는
쌍계사 범종소리
신선님 모셔와
청학 깨워 춤추니
신바람 일고,

모두가 잘 사는
세상 빛내고자
구름처럼 모여
해맑은 표정으로
행복을 노래하니

아이처럼 기뻐하는
웃는 얼굴 보고,
좋은 곳에 산다며
손뼉 친 고운님아
河東에서 함께 살자

섬진강 재첩

재첩은 맛이 있소.
'후루룩, 후루룩' 마시는 멋도 있고,
섬진강 헤집고 헤집어 맛 모은 재첩
그 맛, 나를 길들인 어머니의 손맛
세상에 이보다 좋은 맛 없소.
민물과 바닷물 섞인 기수역에서
산과 바다의 맛 우려내니
신선도 반한 최고의 맛 덩어리요
재첩의 신비 녹인 어꾸수한 맛보면
진한 국물에 혀가 춤춘다오.
상상도 못한 맛보며
미식가가 즐기는 장수음식
맛깔스러운 맛난이 재첩.

재첩은 이름이 곱소.
'재첩, 재첩' 아름다운 소리 나고,
큰 강물 조리고 조려 위장에 담은 재첩
힘차게 강심수도 모으니
꿀같은 물맛 넘치고 넘친다오.
손틀어업 어부의 땀과
섬진강 생명수의 울림 따라
물결이 장단 맞춰 풍미 쏟으면
헛헛한 밥통 속의 강물들이
입맛 내느라 바쁘다오.
상상도 못한 맛보는
하동의 향기 품은 건강식품
이름도 고운 맛난이 재첩.

그늘과 어머니

인생의 心通 찾다가 만난
그림자의 삶 사신 어머니.
하늘과 운명 말하지 않았지만
나무 그늘은 어찌나 좋아하시든지
뜨거운 한 낮에 보리밭 매다가
찬 물 한바가지 들고 찾은 곳.

초록의 빛깔을 곱씹어 보게 하듯
찾아낸 보이지 않는 싱싱함을
마음으로 받아 속으로 삭인 그늘!
아무도 모르는 땀과 눈물 배인
살결이 거슬리고 탄 생명의 일터요
맘 편히 누리시는 시원한 안식처.

어머님 숨결이 곧 내 집인데
새 옷과 큰 정성의 정화수로
갈 수 있을 때 가도록 빌어주는
한량없는 그늘의 한 평생 덕분에
용기와 끈기로 운명 끌어안고,
자신의 아름다움 가꾸는 자식들.

섬진강 물길

사람이 길을 열 듯 강은 물길을 열었고
오늘도 섬진강은 영원한 생명력으로 흐른다.
맑은 마음을 하늘에 두고, 즐겁게 노래하는 모습을
지리산 바람이 좋아하고, 강아지도 꼬리 흔들 때
별과 숨바꼭질하던 달님이 같이 놀자며
트는 대로 흐르는 물길 돌리고, 강 속까지 비춘다.
찰바닥 거리다 어느 새 찰바당 거리던
철든 강물이 처녀처럼 황토 물 토해내고
조금에서 여덟물까지 물 때 맞춰 가슴 키우면서
속살 비쳐도 부끄러움 모르고 옷 벗는데
철새들은 손가락질 하면서 봉긋한 가슴 쪼아대고
어부들은 꽃그림에 마음 빼앗겨도 모른 체하며
땀에 배인 갈고리로 어꾸수한 재첩만 잡는다.
인생 같은 강물 속에서
물고기는 물먹은 배만 튀기고
홍수의 분탕질 견딘 갈대들이 꽃 피울 때
추억 속의 고향 찾은 은어들 뜀박질하면
세상 짓밟고 가는 돌 같은 마음도
반짝거리는 물빛에 혼 뺏긴 무심無心이 된다.

신비의 하동 산삼

천종삼 구하려고 수십 년 헤맸는데
멧돼지 먼저 찾아 뱃속에 숨겼기에
언제쯤 꺼내 먹을까 가슴앓이한다네.

하늘이 열린 뒤에 우연히 심메 보니
신비한 천연 약재 仙人이 먼저 알고,
하동에 널리 심어서 귀한 생명 구했네.

지리산 정기 받은 천종삼 있다 하여
한평생 찾고 찾다 운 좋게 손에 넣어
한 뿌리 달여 먹으니 만병통치 명약일세.

산 좋고 물도 맑은 하동의 심산유곡
기운찬 땅에 자란 산양삼 귀한 모습
사람들 우르르 몰려 손뼉 치며 반기네.

더덕과 도라지도 최고의 보약잰데
왕들도 좋아하는 신비의 불로초는
하동 땅 흙내 풍기는 부리시리 뿐이네.

하동포구 이야기

뜨거운 숨결의 내륙 항구 하동포구는요
내 눈에 처음, 지구에서 오직 한 곳
두꺼비가 나라 지킨 성스러운 현장이요
진시황도 보고팠던 천혜자연 별천지라.
천지만물 깨어나고 하동천사 노래 하니
지리산의 높은 정기 우렁우렁 울연하고,
오대양 힘찬 물결 남해가 퍼 올린다.
애타게도 섬진강의 옛 이야기 그리웠나
이상향 꿈꾼 신선 청학동 찾아오자
「토지」의 박경리와 이병주의 「지리산」과
범패와 동편제로 희로애락 달아올라
하동의 푸른 미래 햇살처럼 빛날 줄이야!
어기여차 에여라차 영호남이 함께 웃는
부모님의 품속에서 곱게 자란 자식들이
금자동이 공부시켜 국가동량 기르시며
농사짓고 고기 잡아 살림살이 넉넉하고,
가족 같은 이웃 인정 모두모두 얼씨구나.
벚꽃이 폭발하니 배꽃들은 더욱 희고,
관광객 어쩌자고 몰려와서 즐기는가?
갈피 모를 그리움은 청산에서 생기발랄
세세연년 강과 들이 풍요 속에 풋내 띠고,
부얼부얼 하동사람 오감 소풍 신바람 속
삼삼오오 떼를 지어 순정 추억 깔깔대는
천하제일 삼포지향 사랑하는 기쁜 마음
철든 하동포구 자랑삼아 이야기한다네요.

산골 암자

절로 아름다운 산골 마을에
三寶 있는 부처님 도량.
산바람에 풍경이 울면
풀과 나무들 두 손 모아
부처님의 한맛비 맞고,
날아가던 산새
찬불가 한 곡 멋지게 부르면
법회 참석한 신도들
고대하던 無漏 얻고,
정성으로 念佛하니
뜰의 꽃은 연화 미소 지으며
돌도 간절히 기도하는데……
암자의 새로 온 저 보살.
자세는 경건한데 마음은 아직
그 마음 부처님께 바치면 좋으련만
가을의 낙엽 보고,
깨달음 스스로 얻을까요?
오늘도
부처님께 삼천 拜 올린 뒤
열심히 도량 千手 하신다.

용감한 병사의 추억

중풍으로 고생하시는 어머니 모시던
육남매의 장남이 군대에 갔다오.
기본훈련 뒤 ○○중대에 배치되어
산골짝의 아름다움에 취해 힘든 줄 모르고
젤로 쫄병의 영광을 즐기던 날의
마음 설레던 첫 외출 때
총기소지 잘못해서 젊음이 혼났고,
'아버지 사망' 관보 받고 휴가 늦어
장례식에 지각해도 헐벗은 동생들이 반겼지요.
포성과 고지 탈환의 함성이 지나간
울짱 지키느라 시간 가는 줄 몰랐고
여우비 맞아가며 걷는
지뢰밭 근처의 한 발자국 한 발자국이
용사를 더욱 용사답게 했으며
갈등을 양념삼아 군무를 전우애로 빛냈죠.
성공적인 작전으로 적을 잡았고
방심으로 인한 안전사고의 절박한 순간과
말 못할 사연들은 안타까움이었습니다.
백두산에 태극기를 휘날리지 못했지만
같이 고생한 모든 분께 존경을 표했습니다.
제대하고 집에 오니 사람들이
민간인인 나를 보고
"자네, 군에 갔다 왔다며……"
그 말 뿐이었습니다.
정든 산하가 빙그레 웃으며
진잎죽 먹고 잣죽 트림하지 말랍니다.
노장은 병담을 아니한다면서……

| 평설 |

자연사랑 속에 핀 인간의 존엄성

- 박래흥/현대문예 주간·광주문인협회부회장

　최증수 시인의 시집 『하동송림 찬가』는 순수 서정시의 본질에 충실한 시집이다. 서정시는 삶의 의미를 발견하고 정서를 순화시켜 참된 가치를 제시하는 언어예술이다. 그러므로 시인의 삶과 현실을 반영한다. 불화와 모순이 존재하는 현실을 바라보는 시인은 당연히 선을 지향하며 극복의지를 형상화시켜 보다 나은 미래를 지향 한다.
　최증수 시인의 작품에는 無爲자연의 세계와 고향에 대한 향수로 세속의 삶을 정화하며 살아가고 있다. 시인은 노년에 접어든 삶을 통해 가난했지만 순수했던 유년시절을 회상하고 그리워하며 그때의 순수를 회복하고자 한다. 이는 세월에 찌든 자신의 모습을 버리고 새롭게 거듭나고자 하기 때문이다. 이러한 삶의 태도에서 새로운 삶의 방식을 모색하며 순수를 지향하고 성찰의 태도를 보여주고자 고향의 자연사물을 통해 길을 모색한다.
　한편 최증수 시인의 작품은 장소성이 지닌 역사성과 고향의식을 고취하여 그 장소가 갖는 의미를 되새기고 역사적 비극을 되풀이해서는 안 된다는 결의를 다짐한다. 최증수 시의 또 다른 경향은 식물성 이미지들에 대한 천착이 아름답다. 송림을 노래한 시편들에서 소나무가 지닌 고유성인 미적 깊이를 인간의 삶에 대입시켜 자신의 삶에 적용시키고자 한다.

최증수 시인의 시는 일상의 언어로 직조되어 매우 독자 친화적이다. 언어를 비틀고 왜곡하여 알 수 없는 기괴한 해적시가 난무하는 시의 위기 시대에 최증수 시인의 시는 독자들을 불러오게 하는 힘을 통해 우리 시의 위기를 타개하는데 앞장서고 있다.

하동의 죽로차

三神山 봉우리에 눈보라 휘날릴 때
靑노루 山 내려와 야생차 밭 쏘다니면
꽃피울 꽃봉오리 마음만 제 바빠
올망졸망 쏙 고개 내밀고 융동설한 깊을수록
푸르름 더한 녹차 잎 햇살에 반짝인다
아이야!
화롯불에 곱돌솥 올려 죽로차 다려 내어
쌍계사 범종 울릴 때 청학 타고 오시는
神仙님께 드리면 쌍계·석문 쓰신
최고운 선생과 마음으로 마시다가
맛과 향에 취했다는
하늘에 퍼진 소문 듣고 달도 별도 서둘러
호리병 속 별천지 하동으로 온다.
 – 〈하동의 죽로차〉 전문

三神山 봉우리에 눈보라 휘날릴 때/靑노루 山 내려와 야생차 밭 쏘다니면/꽃피울 꽃봉오리 마음만 제 바빠//아이야! 화롯불에 곱돌솥 올려 죽로차 다려 내어//쌍계사 범종 울릴 때 청학 타고 오시는/神仙님께 드리면 쌍계·석문 쓰신/최고운 선생과 마음으로 마시다가//맛과 향에 취했다.

최증수 시인의 제5시집 표제『하동송림 찬가』는 1부 〈아름다운 송림〉 32편, 2부 〈하동송림찬가〉 92연의 긴 연시, 3부 〈인생의 아름다움〉 21편, 4부 〈하동송림시선〉 17편 주옥같은 시편들이 모여 새롭게 지리산자락 자연과 하동의 아름다운 풍광과 섬진강 물 흐르는 소리와 하동송림의 솔향기 짙게 풍기고 있는 시어들이다.『하동송림 찬가』제5시집은 시를 오래 사랑해온 시인의 사유로 써온 정말 詩다운 詩를 내 가슴에 안아 感慨無量하다. 서정시가 사라져가는 이 시대에 정감이 넘치는 새로운 순수 서정시를 개척해 나가고 있기에 더욱 값지고 의미가 있다.

시는 운문으로 주정적 문학이며 정서와 상상의 미학에 있는 문학이다. 음악적 요소가 우세한 미의 운율적 언어로 창조된다는 사실과 생명의 소산이며 사물에 대한 깊은 관찰과 체험으로 인생을 위한 시, 인간의 감정적 미와 정신적 의의에 눈을 뜨도록 하며 압축 요약된 언어 표현으로 시인은 감화와 생기와 영감으로 힘을 북돋아 주고 기쁨을 준다.

최증수 시인의 잔잔하고 깊은 思考는 신선과 마주 앉아 죽로차를 마시고 대화하는 상상의 세계를 자연스럽게 끌고 와서 우리 모두를 결국 신선의 세계로 안내한다. 눈보라 휘날릴 때 따뜻한 이런 의미 있는 죽로차라면 필자도 언젠가 꼭 하동에 찾아 가서 형님 같고 신선 같은 최증수 시인과 마주 앉아 인생이야기 사랑이야기하며 밤이 새도록 마셔보고 싶은 죽로차이다.

　지리산 등정

　한 노인의 오백 번 등정 소식에 반해
　칠십년 인생무게로 지리산 올랐네.
　마른 몸에 땀나고 발걸음 가벼우니
　천왕봉이 이끌며 산신령이 밀었을까?
　산행은 마음을 씻으며 나를 찾는 여행.
　정상에 우뚝 선 기쁨이 하늘에 닿았는지
　만리 운해 내려 보니 큰 뜻 보이고,
　해 뜨고 달 지는 이치 알 듯도 하다.
　큰 봉우리들과 넓은 땅 발아래 두니
　천왕과 신선의 덕德 스스로 본 받고,
　아름답고 웅혼한 기상 움켜잡아
　평생에 못 이룬 꿈 새로 꿈꾼다.
　물맛이 신비한 개울이 노래하고,
　희귀한 산야초와 야생화가 지천인
　어머니 품처럼 푸근한 聖人의 산
　모두가 바라는 불로장생의 신세계를
　백두대간 정기와 섭리에 힘입어
　당신을 어떻게 사랑할 것인가를 생각하며
　때 묻지 않은 몸으로 다시 찾으리.
　　　　　　　　- 〈지리산 등정〉 전문

칠십년 인생무게로 지리산을 오른다는 것은 대단한 일이다. 마른 몸에 땀나고 발걸음 가벼우니/천왕봉이 이끌며 산신령이 밀었을까?/산행은 마음을 씻으며 나를 찾는 여행/정상에 우뚝 선 기쁨이 하늘에 닿았는지/萬里 운해 내려 보니 큰 뜻 보이고 해 뜨고 달 지는 이치 알 듯도 하다./큰 봉우리들과 넓은 땅 발아래 두니/천왕과 신선의 덕德 스스로 본 받는 것 같다.

〈지리산 등정〉이란 시를 통해 최증수 시인은 인간의 정신 건강과 육체적인 건강이 최고라는 메시지를 독자에게 전해주고 있다. 건강을 잃으면 돈도 명예도 사랑도 물거품과 같다. 산행은 몸속에 쌓인 스트레스나 묵은 때를 땀으로 씻어낸다. 마음을 씻으며 나를 찾는 여행이라고 최증수 시인은 말하고 있다.

공자께서 말씀하신 仁者樂山 知者樂水 즉 樂山樂水가 떠오른다. "어진 사람은 산을 좋아하고 지혜로운 사람은 물을 좋아한다, 지혜로운 사람은 활동적이고 인생을 즐길 줄 알고 어진 사람은 평정하며 오래 산다."

최증수 시인을 자연사랑의 시인, 고향사랑의 시인이라고 말하고 싶다. 고향정서와 그리움이 넘치는 위대한 시인으로 성장시킨 모티브는 하동의 아름다운 풍광, 섬진강변, 드넓은 모래사장, 하늘을 찌를 듯 높고 푸르른 송림의 풍광이 있었기 때문이라는 것을 발견하고 너무 황홀하고 행복했다.

사람들은 누구나 고향을 사랑하고 그리워하지만 최증수 시인처럼 자연을 사랑하고 시인이 어릴 때부터 뛰어 놀던 고향의 송림을 사랑하는 시인이 어디 또 있을까? 시인의 작품을 읽고 또 읽으면 하동은 우리나라 모든 시인들의 고향 같고 하동의 아름다운 풍광 속으로 모든 독자를 불러들인다.

섬진강 재첩

재첩은 맛이 있소.
후루룩, 후루룩' 마시는 멋도 있고,
섬진강 헤집고 헤집어 맛 모은 재첩
그 맛, 나를 길들인 어머니의 손맛
세상에 이보다 좋은 맛없소
민물과 바닷물 섞인 기수역에서
산과 바다의 맛 우려내니
신선도 반한 최고의 맛 덩어리요
재첩의 신비 녹인 어꾸수한 맛보면
진한 국물에 혀가 춤춘다오.
상상도 못한 맛보며
미식가가 즐기는 장수음식
맛깔스러운 맛난이 재첩

재첩은 이름이 곱소.
재첩, 재첩' 아름다운 소리 나고,
큰 강물 조리고 조려 위장에 담은 재첩
힘차게 강심수도 모으니
꿀 같은 물맛 넘치고 넘친다오
손틀어업 어부의 땀과
섬진강 생명수의 울림 따라
물결이 장단 맞춰 풍미 쏟으면

헛헛한 밥통 속의 강물들이
입맛 내느라 바쁘다오.
상상도 못한 맛보는
하동의 향기 품은 건강식품
이름도 고운 맛난이 재첩.
  - 〈섬진강 재첩〉 전문

후루룩, 후루룩 마시는 멋도 있고,/섬진강 헤집고 헤집어 맛 모은 재첩/그 맛, 나를 길들인 어머니의 손맛/세상에 이보다 좋은 맛없소./산과 바다의 맛 우려내니/신선도 반한 최고의 맛 덩어리요

섬진강 재첩은 강 너머 마을에 매화꽃 벚꽃이 흐드러지게 필 때 마을 앞 섬진강에서 물장구치며 물고기 잡고 모래 속에 숨어 있는 재첩을 잡아 올리던 청소년시절의 아름다운 추억. 나를 길들인 어머니의 손맛 세상에 이보다 더 맛있는 음식이 어디에 또 있을까요. 미식가가 즐기는 장수음식 맛깔스러운 초무침의 재첩은 고향의 잊을 수 없는 맛이요, 고향 친구에 대한 그리움이다,

최증수 시인의 시는 자연과 인간관계가 어떻게 이루어져야 하는가? 자연이 무엇이며 인생이 무엇인가 깊게 생각하게 하고 어떻게 살아가는 삶이 가치 있는 삶이고 진실한 삶인지 보여주고 있다. 교직자다운 모범적인 생활로 제자 후배들에게 미래의 비전을 제시하고 아름다움과 재미를 창조하는 그의 시가 너무 진솔하여 애독하지만 나는 그보다 더 시인의 인간다운 삶, 아름다운 생활을 더 좋아하고 사랑한다. 문학인은 시 창작보다 먼저 아름다운 인성, 즉 시 창작 정신이 건전하

고 아름다워야 하기 때문이다. 그 바탕 위에 시적 고뇌는 오직 자신이 해결해야 하는 문제이다.

"시와 삶 사이의 거리가 너무 멀면 시가 허황하게 들리기 쉽다. 그러므로 시와 삶은 그 거리를 적당히 유지하는 것이 바람직하다." 이 말은 시에 있어서 현실 삶을 도외시해선 안 되지만 그렇다고 해서 현실 삶 그대로 써도 안 된다는 뜻이다. 현실 삶을 시적으로 변용해서 승화시켜야 한다는 시론이라고 생각 된다.

최증수 시인은 다양한 수사법과 시적자유와 언어유희를 자연스럽게 구사하여 시가 지루하지 않고 고유의 전통 구수한 된장뚝배기 맛을 낸다. 노을이 붉게 물드는 저녁이면 연기 나는 마을을 찾아 어디론가 길 떠나가고 싶은 동화속의 고향 같은 마을이 하동이 아닐까. 형제자매를 생각하는 핏줄의식과 강보 위의 포근한 품을 그리는 그 간절한 고향사랑의 노래가 어디에 또 있을까. 무한사랑을 감득한 절대자에의 기도 같은 거룩한 사랑과 그리움이 어디까지 가능할까. 이 지상에서 그 무엇과도 비교할 수 없는 인간만의 특권인 '자연사랑, 고향 그리움'을 향하여 두 손 모아 기도하는 맑은 영혼의 언어를 감동의 운율로 그 누가 노래할 수 있겠는가.

신비의 하동산삼

천종삼 구하려고 수십 년 헤맸는데
멧돼지 먼저 찾아 뱃속에 숨겼기에
언제쯤 꺼내 먹을까 가슴앓이 한다네

하늘이 열린 뒤에 우연히 심메 보니
신비한 천연 약재 仙人이 먼저 알고,
하동에 널리 심어서 귀한 생명 구했네

지리산 정기 받은 천종삼 있다 하여
한평생 찾고 찾다 운 좋게 손에 넣어
한 뿌리 달여 먹으니 만병통치 명약일세

산 좋고 물도 맑은 하동의 심산유곡
기운찬 땅에 자란 산양삼 귀한 모습
사람들 우르르 몰려 손뼉 치며 반기네

더덕과 도라지도 최고의 보약잰데
왕들도 좋아하는 신비의 불로초는
하동 땅 흙내 풍기는 부리시리뿐이네.
- 〈신비의 하동산삼〉 전문

 신비의 하동산삼, 천종삼 구하려고 수십 년 헤맸는데/멧돼지 먼저 찾아 뱃속에 숨겼기에/언제쯤 꺼내 먹을까 가슴앓이 한다네.
 하동의 특산물로 귀하고 몸에 좋다는 신비의 하동산삼을 멧돼지가 먹어 아깝지만 인간과 동물이 공존하는 삶이라는 것을 알기에 체념할 수밖에 없다. 우리 모두의 고향은 명산은 아닐지라도 산이 있고 강물이 흐르고 다락논밭이 있다. 먼 조상 때부터 자자손손이 가난으로 살아온 이골 난 땅이기도 하다. 그런 터에 너나없이 떠나 살다가 돌아온 고향을 생각하면 그 아름다움이나 간절함이 더 없이 크지 않을까 생각해 본다.

고향을 떠나보거나 세월 지나고 보면 고향의 뒷동산 범 바위, 마을 앞 큰 당산나무 동백나무 모든 사물들은 아름답지 않은 것이 없다. 그 恨 많은 가난의 세월을 생각하면 산야를 뒤덮던 진달래꽃은 굶주린 배를 채워주는 간식이었고 자줏빛 자운영 꽃밭은 아이들의 놀이터였다고 말할 수밖에 없겠다. 헤아리자면 한이 없겠지만 더 이상은 살아갈 방도가 없어 자식들을 매달고 앞산 바위고개 넘어서 밤기차를 타고 야반도주한 우리들의 아픈 고향이 자리 잡고 있다.

최증수 시인이여! 불경이나 사서삼경, 성경속의 성인들의 말씀으로 지금까지 살아 온 것처럼 앞으로도 지금 같이만 욕심 없이 안빈낙도의 삶, 자연사랑과 고향에 대한 그리움이 넘치는 삶, 겸허하되 성공보다 실패를 두려워하지 않는 지혜로운 황제의 고독을 지니고 속된 중생들을 가엾이 여기되 그들의 가슴에 불꽃을 심으라. 용기 있게 정의를 노래하고 민주평화를 사랑하며 질풍노도와 같은 자연사랑 고향사랑의 기수가 되시라.

나의 어머니

친구와 싸워 코피 흘림 보시고
지지리 못남은 제 덜된 탓이고
자식 구실 제대로 못함 보시고
효심 모자람은 제 못난 탓이지만

한 번 삶은 보리밥 먹는 걸 보시고

배고픔 못 견딤은 당신 탓이며
긴 콩밭 맨다고 씩씩댐 보시고
다부지지 못함은 당신 탓이라.

전주 최씨 가문 빛낼 육남매
낳고 키우신 은혜에 보답하는
수모시 한 수 올리지 못했어도
장롱 속 녹슨 은비녀 찾아내고

울면서 감격하는 불효자 있으니
어머님은 사랑으로 따스한 분이셨고
자식 사랑은 가이없었기에
아들은 어머니 품에서 여물었습니다.
 - 〈나의 어머니〉 전문

친구와 싸워 코피 흘림 보시고/지지리 못남은 제 덜된 탓이고/자식 구실 제대로 못함 보시고/효심 모자람은 제 못난 탓이지만//울면서 감격하는 불효자 있으니/어머님은 사랑으로 따스한 분이셨고/자식 사랑은 가이없었기에/아들은 어머니 품에서 여물었습니다.

최증수 시인의 어머니는 우리 모두의 어머니이시다. 자식들의 모든 부족함은 어머니의 잘못으로 돌린다. 〈나의 어머니〉 작품에서 읽은 무게감은 새삼 얼얼한 뒤 느낌으로 다가온다. 당신은 뒷전에서 굶는 일도 많았건만 달라는 대로 먹여주고 채워주시던 든든한 배경을 소유하며 성장한 우리들이니 어찌 행복하지 않았겠는가. 환경이 비슷하고 처지가 비슷한 시대를 살았던 우리들의 감회는 한량없다.

  프란치스코 교황의 예수강론은 최증수 시인의 〈나의 어머니〉를 설파하는 데 더없이 요긴할 것으로 여겨진다. "예수는 사랑을 베풀기 위해 먼저 취약해졌고 다가가기 위해 먼저 낮아졌고 제공하기 위해 먼저 희생했다"고 한 말이 그것이다. 이 말은 한국에서 자식들을 키워내신 어머니들을 감동적으로 그려낸 말에 다름 아니고 어머니를 드러내는 데 더없이 절절한 표현이다. 세상사람 모두에게 사랑을 베푼 예수처럼 어머니는 항시 낮은 데만 위치하셨다. 그리고 헌신과 희생만을 되풀이 살아온 사랑의 아이콘이다. 그런 의미에서 '우리 시대의 어머니'를 소유하지 못한 이들에 대한 우리네의 상대적 행복감은 그 무엇으로도 대신할 수 없을 것이다. 어머니의 품안은 우주를 닮았지만 그 간절함과 포근함은 실핏줄 끝까지 스미는 사랑의 속삭임이 아니겠는가.

  최증수 시인에겐 거의 숙명적으로 선택한 희생과 양보와 겸손의 아이콘인 어머니가 존재한다. 어머니는 항시 낮은 곳에만 위치하셨으므로 가장 키가 작은 분이었다. 조국과 어머니, 그리고 주변에 어울린 사람들이 존재하는 한 시인의 노래는 줄지 않는 샘물처럼 상시로 흐르고 발길 닿는 곳마다 꽃이 피고 새가 우는 아름다운 사람들의 세상을 펼치는 것이다.

  시인에게 언어는 시적 상상력을 담아내는 그릇의 의미에 가름되며 이 같은 그릇에 세상을 움직이게 할 만큼의 상상력이 담기는 것은 설명조차 새삼스럽다. 그리 보면 최증수 시인을 독서하면서 우리가 감득한 것은 그에게도 언어적 감동을 노래하는 직접적인 수단으로서의 '한글', 우리나라 문자를 가장 아름답게 갈고 닦아서 쓴 순수서정시가 최증수의 시라는 사실이다. 읽기 쉽고 쓰기 쉬운 한글은 상징어가 매우 발달하여 자연의 모든 소리를 흉내 낼 수 있다. 그래서 566돌 한글날, 제1회 세계 문자올림픽대회에 이어 제2회 대회에서 금메달을 획득하였고, 한강의 노벨문학상으로 세계만방에 우리 한글의 우수성을 알리게 되었다. 여기에다 앞으로 세상을 깜짝 놀라게 하고 큰 감동으로 움직이게 할 최증수 시인의 진솔하고 순수한 서정시와 상상력을 날이 저물도록 노래해도 좋겠다.

아름다운 옛 노래

송림공원에서 난생 처음 보았다오.
정신 줄을 놓고 꿈꾸듯
작은 눈이 크게 떠지고, 다문 입이 떡 벌어졌지요.
그녀의 하얀 원피스는 온 숲을 채웠고,
햇빛 받아 찰랑거리는 흰 색이 내 눈을 쏘았고요.
햇볕가린 챙 넓은 모자가 그녀의 발걸음을
재촉할수록 내 마음은 더욱 바빠졌다오.
저 멀리 멀어져 보이지 않을 때까지
뒷모습이나마 잡아보려 눈을 깜박거렸지요.
입 안에서는 목구멍이 타는지 침샘은 거위 침,
양손에는 진땀, 심장은 두근두근 했다오.
시간, 거리, 편견을 뛰어넘어
나의 선녀는 순순하고 순정했기에
두 마리가 함께 일하는 겨릿소의 인연 바라며
웃음 짓던 바로 그 사람 이였어요.

그대 마음 훔쳐 고이 간직했기에
오직 내 관심 속에 묶어두고 싶어
가슴의 화로가 뜨거워 오는데도
멍청하고 용기 없어 머뭇거리다가 그만 놓쳐버리고,
아무런 대책 없이 발만 동동거렸다오.
나는 사랑하고, 그대는 나의 사랑 받는 일이
하늘의 뜻이라면 얼마나 좋을까요.
　　　　　　　– 〈아름다운 옛 노래〉 전문

그녀의 하얀 원피스는 온 숲을 채웠고/햇빛 받아 찰랑거리는 흰 색이 내 눈을 쏘았고요/햇볕가린 챙 넓은 모자가 그녀의 발걸음을/ 재촉할수록 내 마음은 더욱 바빠졌다오./저 멀리 멀어져 보이지 않을 때까지/뒷모습이나마 잡아보려 눈을 깜박거렸지요//가슴의 화로가 뜨거워 오는데도/멍청하고 용기 없어 머뭇거리다가 놓쳐버리고/
아무런 대책 없이 발만 동동거렸다오.

최증수 시인의 순수한 첫사랑 이야기를 듣는 것 같아 내 가슴도 거선의 기관처럼 힘차게 뛴다. 〈아름다운 옛 노래〉에서 느낀 것처럼 순수한 사랑도 사회정의도 인간다운 인간도 교사가 움켜진 분필이나 펜 끝에서 이루어진다. 시는 본질적으로 아름답고 그 속성에서 진실하다 했듯이 '아름다움'과 '진실'은 필수적이며 두 가지의 융합이 아니라도 적어도 '진실'은 창끝처럼 날카로워야 할 것이다.

최증수 시인은 교단 출신답게 언어의 절제나 탁마의 솜씨가 누구보다 탁월하고 온건하면서도 언중유골言中有骨의 칼날 같은 예리함도 지니고 있어 함부로 범접할 수 없는 투사적 기백도 보여준다. 하동은 도시 문화와 농촌 문화가 어우러진 곳이다. 그런 환경 속에서 태어나서 그런지 그의 성품은 매우 순수하고 겸손하며 시적정서 또한 온화하면서도 하동의 토박이다운 사명감으로 시를 쓰는지 서정과 사랑과 그리움이 골격을 이루고 있다. 그의 성실과 정직한 시혼이 결코 흔들리지 않는 격정으로 고향사랑 송림사랑으로 사물의 정곡을 꿰뚫는다.

아름다운 하동포구를 향해 유유히 흐르는 섬진강의 물줄기, 지리산자락 화개장터에 진달래꽃 벚꽃이 만개할 때 하동 울창한 송림으로 가는 길은 무릉도원인 듯 착각할 정도로 우리나라 최고의 꽃길, 아름다움에 못 견디어 동네 처녀총각 사랑을 속삭이고 소쩍새 울면 내려 왔던 하동 순수한 청소년 소녀의 사랑을 직접 보는 것 같아 필자도 가슴이 설렌다.

좋은 사람

밤중에 시 쓰다가
책상에 엎드려 죽는 것이 나의 바램.
죽음은 자연현상이라는데
땅내가 고소해지면 받아 들여야지.

아름다운 인생을 목표로
나름대로 땀 흘렸지만,
비전 없이 형편 따라 살다보니
내 안에 갇힌 눈 뜬 장님이었지.

뒤돌아보면
건곤일척의 승부수를 못 던진 것이
돌이킬 수 없는 평생의 큰 실수.
위인전을 읽고도 이야기로만 알고,
세상 구하는 용기와 지혜를 몰랐네.

생로병사의 운명 따라
이제 모든 것 내려놓아야 한다네.
누가 내 이름 기억하며
송림을 사랑해 '하동송림 찬가' 쓴
좋은 사람이었다고 생각해줄까요?
― 〈좋은 사람〉 전문

아름다운 인생을 목표로/나름대로 땀 흘렸지만/비전 없이 형편 따라 살다보니/내 안에 갇힌 눈 뜬 장님이었지//생로병사의 운명 따라/이제 모든 것 내려놓아야 한다네./누가 내 이름 기억하며/송림을 사랑해 '하동송림 찬가' 쓴/좋은 사람이었다고 생각해줄까요?

최증수 시인의 시집은 장소성이 지닌 역사성과 고향의식을 고취하여 그 장소가 갖는 의미를 되새기고 역사적 비극을 되풀이해서는 안 된다는 결의를 다짐한다. 최증수 시의 또 다른 경향은 식물성이미지들에 대한 천착이 아름답다. 나무를 노래한 시편들에서 꽃이 지닌 고유성인 미적 깊이를 인간의 삶에 대입시켜 자신의 삶에 적용시키고자 한다.

최증수 시인의 영혼의 무지개를 본 듯한 시어들! 시편 전체를 감동의 운율로 노래할 수 있겠는가 하는 생각 속에서 독서하였고 최시인의 언어가 하동송림의 찬가, 고향사랑 그리움의 형식을 빌려 시적화자와 하동의 자연이 하나가 되는 물아일체物我一體의 노래들이란 결론을 얻었다. 이들을 가감 없이 독서하면서 그 느낌의 일부를 담아내는 것이 필자에게 맡겨진 마땅한 소임일 터이다. 유유상종類類相從이란 말이 있듯이 내가 좋으면 그 사람이 사귀는 사람도 인간적이며 좋을 것이다. 그러기에 이 자리에서 "인간이 곧 문학"이라는 부퐁이나 "그 나무에 그 열매"라는 레온 에델의 명제는 변개할 수 없는 문학탐구의 고전적 아포리즘이고 최증수 시인에 대한 우리의 독서 또한 여기에서 출발한다.

작품 속에서 남다른 시의 직조능력과 시인의 기량을 확인할 수 있었다. 작품 속에 담고 있는 큰 주제는 자연에 대한 사랑과 그리움, 자연에 대한 겸허한 자세로써 자연에서 기쁨과 행복을 찾아 아름다운 시로 승화시키고 있다.

나의 상상세계

교직 외길 40년 인생이라서
넓은 세상, 다양한 삶 모르고,
남의 뜻 넘겨짚는 얄팍한 기지로 본
짧은 생각 속에 갇힌 상상세계는요
서툰 문자로 더듬거리는 시인은 부끄러운 줄 몰라도
길가 틈새의 잡초는 발자국 소리에 놀라고,
불길 현장의 인부는 시간을 땀으로 세며
청춘사업에 목숨 거는 이는 심장 태우고,
카지노에서 돈 따는 일은 순간의 요행이나

보이스피싱은 속임과 속임 당함의 경계이고,
마약에 취한 외도는 모두를 망치는 경우이며
극한 직업 자랑하는 일은 용기와 체력이고,
수십억 번 행운아는 시대를 먼저 읽은 보상이나
외톨이의 고독과 적막은 나름의 가치이겠지요.
날 것과 웃음 그리고 눈물로 뒤섞인
앞, 뒤, 아래, 양 옆이 주는 의미와
과거, 현재, 미래에도 보기 어려운
나, 너, 우리, 또 다른 군상들의
상상도 못하는 서로 다른 삶을 상상하며
운명대로 자신의 선택 따라 살아감은
평생 운세이며 신의 섭리라는 모호성을
단호히 거부했다고 나의 시에 써볼까요.
― 〈나의 상상세계〉 전문

〈나의 상상세계〉 작품에서 날 것과 웃음 그리고 눈물로 뒤섞인/앞, 뒤, 아래, 양 옆이 주는 의미와/과거, 현재, 미래에도 보기 어려운/ 나, 너, 우리, 또 다른 군상들의/상상도 못하는 서로 다른 삶을 상상하며/운명대로 자신의 선택 따라 살아감은/평생 운세이며 신의 섭리라는 모호성을/단호히 거부했다고 나의 시에 써볼까요.

멋진 작품을 창조하기 위해서는 우선 상상력이 필요하다. 그러나 그것만으로는 부족하다. 예술적 지성이 반드시 뒤따라야 한다. 예술적 지성이란 현실과 상상력 사이의 점들을 연결할 수 있는 능력이다. 상상력은 가능성을 파악하고, 지성은 그 가능성을 머릿속에서 가공한다.

최증수 시인에게 주어지는 예술적 정서는 유토피아를 향한 상상과 현실, 그리고 인간에 대한 휴머니즘이 뒤섞이는 사실적 감동이 있다. 문학예술이 갖는 정서적 미감은 무한과 유한 사이의 보완적 질서라고 말한다. 따라서 문학작품을 통하여 살펴본 작가들의 작품세계는 그들만이 갖는 한 생애의 역사성과 체험이 얽혀져서 존재한다고 말한다.

세상의 모든 것들은 세월의 흐름에 따라 낡아지고 망가져 없어지는 것이 자연의 섭리이다. 늙어가는 것이 절망이 되어서는 안 된다. 늙어 감을 통해 가치 있는 삶을 발견하고 창조해 나가야한다. 우리 인간은 소멸보다는 생존이 항상 우위라는 사실이다. 그러므로 자신은 주체이면서 타자他者에 대해서는 항상 객체로 존재한다고 말한다.

최증수 시인은 이 부분을 우리네 생의 전 과정을 여러 방향에서 음미한 좋은 표현이라고 보았다. 생의 도정道程에는 먼 하늘을 향하여 끝날 줄 모르는 그리움을 보내는 존재가 시인이 아니던가. 그래도 시인은 '우주 가득 피어오른 만물의 향기 고향의 자연'을 못내 그리워하고 사랑한다.

시의 표현에는 직유와 은유를 사용하게 되는데, 요즘 많은 시인들은 은유의 기법으로 약간 난해한 상황으로 전개하여 간혹 어리둥절하게 하는 경우를 대할 때가 있다. 이러한 시법도 어떤 사물을 의인화해서 화자를 인칭대명사로 전환하는 예를 많이 볼 수 있다.

현대시 창작에서 가장 중요한 것은 대사물代謝物에서 감응하면서 매료하는 이미지의 창출은 대체로 광범위한 상상력에서 발흥發興한다. 이렇게 발흥發興된 시적 대상이 주제와 연결되면서 언어의 한계에서 오랜 기간 머물면서 곰삭아야 한다.

한국적송 찬가

늘 푸른 아름다움은
여인의 자태보다 선연하고
눈부신 싱그러움은
새봄의 새순보다 청순하며
붉은 빛의 오묘함은
하늘의 태양보다 찬란하다.
크고 굵은 몸체와 껍질이 눈길끌며
힘차게 뻗어나간 나뭇가지는
넓은 하늘 채워 가며 팔 벌리고
깊고 깊은 뿌리가 거목 세우고
푸른 빛깔 나뭇잎 날보고 반짝인다.
붙박이 설움 삼키며 서로서로 손잡고
가뭄과 태풍에도 의연히 맞섰다.
수천그루 소나무가 이룬 숲 보고
방문객들 모두 소나무처럼 살려하니
그 누가 한국적송 생명력을
우러러 보며 존경하지 않을쏘냐.
수백 년 세월 이긴 끈기와
솟아오르는 용기 본받지 않으랴!
사랑으로 살아온 인연으로 널 만났으니
기적으로 살아갈 뚝심으로 널 지키리라.
오! 나의 소나무 나의 한국적송.

　　　　　　　　－〈한국적송 찬가〉 전문

늘 푸른 아름다움은/여인의 자태보다 선연하고/눈부신 싱그러움은/새봄의 새순보다 청순하며/붉은 빛의 오묘함은/하늘의 태양보다 찬란하다.

〈한국적송 찬가〉는 대자연의 자잘한 표정을 보며 호모사피엔스인 시인이 한국적송은 이름처럼 붉은 빛으로 해만을 바라보며 하루의 운행을 이어가는 나무이다. 우리나라 토종 소나무로 육송이라고도 한다. 늠름한 생김새에 대해서는 시인들의 계속된 언어적 관심이 있어 왔다. 화자인 시인에게 기도하는 묵상으로 땡볕을 안고 늘 곁에서 사랑받고 무심하지 않았던 것이다. 수천그루의 울창한 하동송림은 서로서로 손을 잡고 의지하면서 그 긴 세월 가뭄과 태풍에도 굴하지 않고 의연히 맞섰기 때문에 정의롭고 자랑스럽게 생각하며 사랑하고 보호하는 것이다.

최증수 시인의 시는 일상의 언어로 직조되어 매우 독자 친화적이다. 언어를 비틀고 왜곡하여 알 수 없는 기괴한 해적시가 난무하는 시의 위기시대에 별난 미사여구나 난해함이 없이 간결하고 소박한 서정으로 짜여 져 있어 누구에게나 큰 감동을 줄 수 있음으로써 그의 시는 독자들을 불러오게 하는 힘을 통해 우리 시의 위기를 타개하는데 앞장서고 있다. 작품 속에서 살아 숨 쉬는 맑은 영혼을 발견할 수가 있어서 너무 행복했다.

한국어가 세계에서 가장 뛰어난 언어로 각광받고 있는 이유는 최증수 시인 같이 한글을 품위 있고 바르게 사용하며 아름답게 가꾸는데 앞장서고 있기 때문이 아닐까.

2024년 노벨문학상을 수상한 광주출신 한강은 당선소감에서 글이라는 것은 언어의 실을 따라 또 다른 마음 속 깊이로

들어가 또 다른 내면과의 만남. 가장 중요하고 긴급한 질문을 실에 매달아 다른 자아에게 보내는 것이다.

 1980년 5·18 때 많은 학생들이 죽어가는 것을 목격한 한강은 어렸을 때부터 알고 싶었던 것은 우리가 태어난 이유. 고통과 사랑이 존재하는 이유 이러한 질문은 수천 년 동안 문학이 던져온 질문이며 오늘날에도 계속되고 있다고 말했다.

 우리가 이 세상에 잠시 머무는 것의 의미는 무엇일까? 우리가 무엇으로 이루어져 있는지 묻는 언어, 이 지구에 사는 사람들과 생명체의 일인칭시점으로 상상하는 언어, 우리를 서로 연결해주는 언어가 있다. 이러한 언어를 다루는 문학은 필연적으로 일종의 체온을 지니고 있다. 필연적으로 문학을 읽고 쓰는 작업은 생명을 파괴하는 모든 행위에 반대되는 위치에 서 있다.

 솔바람

아가야!
바람 불어 좋은 날은 송림에 가자.
살랑대며 불어오는 바람결에
머리감고 목욕하고 세심하니
나는야 기분 좋은 송림의 친구.
바람이 흔들어도 곧게 자란 소나무가
웃으며 두 손 들어 반기는
솔 숲 아름다운 송림에 가면
때마침 강나루 지난 강바람이
내 마음 잡으려 서둘러 휘감는다.

눈길 훔치고 영혼 놀라게 해도
바람끼리는 이웃이요 친구인데
강바람도 소나무 흔들면 솔바람
나뭇잎이 가지 흔들어 큰 나무 세우듯
내 마음 흔들어도 솔바람이라.
메숲진 먼 산의 산바람이 놀다가도
어떤 땐 운명에 외면당했는지
실바람이 불어도 나뭇잎이 낮잠이나 자고,
소나무는 이리 흔들 저리 흔들 거들먹대도
나무돌이 하는 솔바람이 신바람 날 때
귀여운 아이들은 바람처럼 재잘거림으로
청아한 솔바람의 이름을 거룩하게 한다.
솔바람이 타는 거문고 가락 들으며
나도 언젠가 이웃을 시원케 해주는
바람 불어 좋은 날엔
한 점 솔바람으로 살고 싶다.
- 〈솔바람〉 전문

솔바람이 타는 거문고 가락 들으며/나도 언젠가 이웃을 시원케 해주는/바람 불어 좋은 날엔/한 점 솔바람으로 살고 싶다.

최증수 시인의 시는 모두 시어의 간결함 속에 이미지화 되는 시상이 너무 좋다. 시적 대상을 잘 형상화하고 있으며 또한 시어의 선택이나 구성력에 있어 적절하다. 시인들이 빠지기 쉬운 관념적 표현에서 벗어나 정서와 상상의 미학, 음률의 미학이 필수 요건이라는 점을 잘 살려 감동을 주는 신선한 작품이다.

　최증수 시인의 이번 시집에서 가장 큰 시적 관심사는 삶을 관조하며, 삶이 무엇인지를 묻고, 깨달음과 성찰의 태도를 보여주는 작품들이다. 인간의 삶은 세월이 더해지면서 자신을 돌아보며 그동안 지나온 생을 살피게 된다. 청년시절의 순수와 아름다움을 잃고 욕망을 좇아가다가 보낸 시간들에 대해 안타까워하고 괴로워한다. 더불어 그동안의 삶에 대한 회한과 함께 새로운 삶을 살아가고자 한다. 때로는 자연을 통해, 때로는 신앙을 통해, 그리고 오래 잊었던 신념을 통해 새로운 길을 모색한다. 이러한 과정과 행위는 서정시가 추구하는 본질과 맞닿아 있으며, 인간다움을 추구하는 본성이다.

　최증수 시인이 이 작품에서 독자에게 전하려는 중심 메시지는 동일항목에서 필자는 이 두 개의 시행을 살피면서 최증수 시인의 언어가 참으로 결곡하다는 사실에 이르렀다. 여기에 오기까지 시인은 마음 속 깊은 곳에 샘물처럼 찰랑이던 고향사랑 하동송림 사랑이 밤을 새워 파도처럼 황혼과 섬진강을 철썩였던 것이다. 세월이 흐르면서 사람은 몸도 마음도 사랑도 모두가 변하기 마련인데 최증수 시인이 남긴 명작 〈하동송림의 찬가〉만은 시간의 흐름에도 변색 없는 감동과 울림을 주는 명작 중에 名作 문학작품으로 남을 것이다.

　　소나무 같은 사람

　마음이 무거워
　넓은 송림에 내려다 놓았다.
　지나가던 사람들이 밟고 간다.

밟으면 밟을수록 납작해지더니
드디어 한 줌 바람에 날아갔다.
가벼운 마음으로 송림 걸으니
푸른 솔잎이 햇빛 받아 반짝이고,
힘찬 나뭇가지 바람 따라 노래하며
헌걸찬 거목은 하늘 뚫는다.
마음이 무겁고 가벼운 건
남을 탓할 일 아니란 걸
무심한 송림이 무언으로 가르쳐도
아직은 한참 모자라는지
소나무 같은 사람이 되지 못하고,
소나무처럼 고고하게 살지 못한다.
하지만 언젠가
즐거운 마음으로 송림에 다시 와
소나무 같은 사람 되어
소나무처럼 살아가리라.
　　　　　　　- 〈소나무 같은 사람〉 전문

　소나무 같은 사람이 되지 못하고/소나무처럼 고고하게 살지 못한다/하지만 언젠가/즐거운 마음으로 송림에 다시 와/소나무 같은 사람 되어/소나무처럼 살아가리라.
　청년은 미래를 바라보고 노인은 과거를 바라본다는 말처럼 청년시절 열심히 일하다 세월이 지긋해지면서 옛일을 회상하는 것은 보편적인 일이다. 이러한 과정은 생로병사의 자연스러운 섭리이다. 서정시는 이러한 시간의 흐름 속에서 마주치는 정서적 사건들을 형상화시킨다.

수천그루 소나무가 이룬 숲은 하동 사람들의 단합과 의지로써 일제치하에 항거했던 독립운동을 보는 것 같아서 하동 방문객들 모두 소나무처럼 살려하니 그 누가 한국적송 생명력을 우러러 보며 존경하지 않을쏘냐. 이 작품은 비교법과 의인법을 많이 사용하고 있어 독자에게 쉽게 감동을 주고 있다.

  서정문학인 시에 진술된 시어의 일차적 의도는 의미 전달에 있는 것이 아니라, 바로 감정 전달에 있다는 점을 간과해서는 안 된다. 감정 선을 건드려 독자에게 접속하기 위한 시도를 우선한다. 이런 이유로 "시의 언어에는 매우 다양한 방법으로 말의 질감을 활용하여 시를 정서적 산물이게 한다."

  최증수 시인처럼 현실 삶을 시적으로 변용해서 승화시켜야 한다는 시론이라고 생각 된다. 시는 思無邪의 정신과 음률의 미학이 필수 요건이라는 점을 상기할 때 지나친 서술적 표현이나 직설적 표현들에 유의해야 한다.

  그 아름답던 낭만의 현장인 고향은 왜 그리 하루가 다르게 비어만 가는 것일까. 저 푸른 초원 위에 그림 같은 집을 짓고의 현장은 노래 가사에나 살아있는 신기루일 뿐 현실은 많이도 아프다는 사실이다. 화자인 시인에게도 지금 이 시간의 섬진강과 지리산을 병풍처럼 두른 무릉도원 같은 하동마을이건만 그것은 한낱 회상 속을 흐르는 그리움의 강물일 뿐 서러운 보릿고개의 추억들이나 추억거리는 가슴 아픈 현장이 되어버린 지 오래다.

  상처와 아픔과 사랑

  송림에서 소나무 만지다 상처 보았네.

째지고, 터지고, 찢어지고, 뚫리고,
상처는 소나무마다 다르고, 어제 오늘 같지 않아
그게 무슨 의미가 있으랴마는
문득문득 내 마음의 상처에 소나무 상처가 겹치네.

송림에서 소나무 바라보다 아픔 보았네.
자리 잡느라, 견디느라, 숨 쉬느라, 살아가느라.
소나무마다 같지 않은 아픔은 오늘 내일 달라서
그게 무슨 까닭이 있으랴마는
문득문득 내 슬픈 마음에 소나무 아픔 고였네.

송림에서 소나무 안아주다 사랑 느꼈네.
보고 싶고, 만나고 싶고, 얘기하고 싶고, 얘기 듣고 싶고,
마음에 기쁨이 자라 사랑은 하루하루 다르고,
그게 무슨 소득이 있으랴마는
문득문득 소나무의 보답에 나의 온 몸이 뜨겁네.
　　　　　　　　　- 〈상처와 아픔과 사랑〉 전문

　송림에서 소나무 만지다 상처 보았네/째지고 터지고 찢어지고 뚫리고/상처는 소나무마다 다르고 어제 오늘 같지 않아/문득문득 내 마음의 상처에 소나무 상처가 겹치네.
　〈상처와 아픔과 사랑〉 작품을 통해 어린 시절 섬진강변에서 뛰어 놀던 모습이 훤히 보인다. 정이 넘치고 너무나 인간적인 순수한 시골 소년이었다는 것을 발견할 수 있었다. 동무들과 숨바꼭질 하다가 우연히 발견한 나무들의 깊은 상처를 발견한다. 나무들의 상처와 아픔이 소년의 아픈 상처위에 오

버랩 된다. 연쇄법이나 의태법을 아주 적절하게 사용하여 시적화자와 소나무와 민족의 상처와 아픔을 더욱 깊게 표현했다. 하동송림을 자연스럽게 활용한 최증수 시는 우리 모두를 사유의 깊은 숲속으로 안내하여 나라 잃은 슬픔을 상기시켜 다시는 과거의 역사적 아픔을 겪지 않도록 경고한다. 옛날의 향토적 정서를 잘 드러냄으로써 고향을 잃고 나를 잃어버린 현실 속에서 옛 추억을 통해 나를 찾고 친구와 고향의 정을 찾고자하는 작가의 노력이 곳곳에 스며있다.

　시의 궁극적인 목표는 인간의 미래 삶에 가치를 부여하고 아름다움을 창조하는 것이다. 그래서 시는 이미지의 선택과 전달방법이 중요하다. 자신의 다양한 체험과 상상력, 사물에 대한 깊은 관찰력, 주제의 일관성과 음악적인 리듬을 잘 살리고 하나의 시어로 여러 의미를 내포하는 수사법을 자유자재로 활용하되 지나친 서술적 표현이나 직설적 표현들에 유의해야 독자에게 감동을 줄 수 있고 그런 시가 성공한 시라고 말할 수 있다.

　최증수 시인의 시는 특징적으로 자연과 인간과의 밀접한 관계를 고취시킨다. 자연이 병들면 인간도 병들어 살수가 없다는 현실세계를 잘 말해주고 있다. 시적화자는 우리가 좋은 환경 속에서 더 인간답게 살기 위해서 자연을 보호하고 지키고 있는 것이라고 보통 사람들이 느끼지 못한 사실을 선각자의 지혜로 말하는 것이다.

　소나무의 하소연

　소나무가 고민 있다며

산들바람에 소식 전해온다
궁금하여 한달음에 달려가선
농고를 졸업했다고 뽐내면서
상대를 잘 아는 체 하니
알고나 말하면 밉지나 않지
낙락장송이 화가 나서 내뱉는다
한 곳에서만 살아온 붙박이의 설음,
수백 년 송림을 지키고 가꾼 자랑,
삼년 가뭄과 석 달 열흘의 폭우,
수간에 있는 일제의 총구멍과 송진채취의 상처,
육이오 때 피 흘린 동족상잔,
뿌리와 가지 꺾고, 솔방울 따간 모멸감 등을
차분하게 분노로 열변한다.
나도 화가 나, 에잇 그럴 수가!
운명을 만나듯 현장의 목소리 찾아
하소연 들어준 내가 대견하고,
기쁜 마음과 보람찬 나날로
건강하고 행복하길 바라며
뜨거운 가슴으로 소나무 보듬었다.
      - 〈소나무의 하소연〉 전문

 소나무가 고민 있다며/산들바람에 소식 전해온다/한 곳에서만 살아온 붙박이의 설음/수백 년 송림을 지키고 가꾼 자랑/삼년 가뭄과 석 달 열흘의 폭우/수간에 있는 일제의 총구멍과 송진채취의 상처/육이오 때 피 흘린 동족상잔/뿌리와 가지 꺾고, 솔방울 따간 모멸감 등을/차분하게 분노로 열변한다.

〈소나무의 하소연〉에서 현명한 사람은 자연의 소리를 들을 줄 알아야 한다. 고사성어에 역지사지易地思之란 말이 있다. 하나님께서 창조하신 동식물도 나의 몸처럼 사랑하고 내가 너의 처지라면 어떻게 행동 하겠는가? 자기가 저지른 잘 못된 행동을 반성할 줄 모르고 거짓말로 변명하고 합리화시키는 언행은 아주 비굴한 짓이다.

'인생에 너무 많은 의미를 부여하지 말자'라는 말이 있다. 의미의 노예가 되고 행복하지 못한 신세가 되기 때문이다. 전도顚倒는 모든 사물을 바르게 보지 못하고 거꾸로 보는 것이라 했고 몽상夢想은 헛된 꿈을 꾸고 있으면서도 그것이 꿈인 줄을 모르고 현실로 착각하고 있는 것이라고 사전에서 설명하고 있기 때문이다.

완전한 소유란 이 세상 어디에도 없음이 이미 두루 알려진 사실이다. 자연을 완전히 소유하는 생명체는 세상천지 어디에도 존재하지 않는다. 태어난 모든 생물체는 이 땅에 살아 있는 동안 자연에서 모든 것을 잠시 빌려 쓰다가 떠나가는 나그네라고 했다. 우리가 이 세상 살아가면서 진정으로 소유해야 할 것은 결코 물질이 아니고 〈아름다운 마음〉이라고 말한다. 그대의 마음속에서 얻은 것이 진정 그대의 귀중한 소유물이다. 그런데 많은 것들을 곁에 두고서도 제대로 써보지도 못하고 죽어가는 참으로 이상한 현대인들이 많다. 미래의 노후대책 세우느라 오늘을 행복하게 살 줄 모르는 희귀병에 걸려 살고 있는 사람이 많다. 늘 행복을 자기 곁에 두고도 다른 곳을 헤매며 찾아다니다 지쳐버린 현대인들이다. 나누면 반드시 행복이 온다는 지극히 평범한 진리를 알고도 실천 못하는 장애인 같은 현대인들, 사랑할 수 있는 시간이 얼마 남지 않았다는 사실을 알고도 사랑하지 못하는 어리석고 바보 같은 현대인들 결국은 서로가 파멸의 길로 간다는 사실을 알고도 자연, 지구 파괴로의 길을 버젓이 걷는 우매한 현대인이라고 말한다.

1. 하늘에서 내려다본 녹색의 섬 하동송림
   갈마산과 무동산이 앞뒤에서 지켜주고
   하동포구 섬진강물 엄마처럼 안아주며
   광평 들판 넉넉함이 고운심성 심어주고
   칙칙폭폭 기찻길이 바닷바람 막아주니
   천하제일 길지라오 녹수청산 쉼터라네.

2. 운명으로 기적으로 삼백년을 다듬고야
   창수창송 보여주는 신의솜씨 별천지요
   동서양을 둘러봐도 아름다움 비교불가
   달나라의 계수나무 보려가다 발길 돌려
   숨긴 보석 찾아내고 감격하는 지구인들
   한국기행 최고명소 하동송림 찾아간다.

20. 송림에서 일어났던 민족사의 비극들이
    있었는지 없었는지 모른다고 외면 말고
    육이오란 전쟁으로 나라망친 아픔들과
    동학란과 일제치하 모진고통 보여주는
    송진채취 흔적 있고 총알 박힌 나무 많은
    송림공원 아픈 역사 후손에게 얘기하자.

37. 지리산을 휘돌아온 자색안개 놀러올 때
　　이슬방울 반짝반짝 정다웁게 맞이하면
　　푸른 솔잎 함초롬히 금빛이슬 목에 걸고
　　소란스런 물결들은 의젓하게 점잔빼고
　　밝은 햇빛 다소곳이 제자리를 고쳐 앉자
　　새로워진 하동송림 꿈결 속을 헤매인다.

92. 우뚝 솟은 낙락장송 하늘높이 활개 치면
　　세상구할 용기 넘쳐 활짝 웃는 태평 얼굴
　　높고 큰 뜻 이루리라 다짐하는 하동사람
　　천공해활 앞세우며 세상천지 호령하니
　　지리산과 섬진강이 손뼉 치며 응원하고
　　남해바다 출렁이며 큰 세계로 안내한다.
　　　　　　　　　－〈하동송림 찬가〉부분 문

　표제작이 그 작품집을 내세우는 대표작은 아니지만 〈하동송림 찬가〉 92수는 그리움처럼 여타 작품들을 거느릴만한 대표작의 여지가 충분하다. 우선 이 작품은 가정법에서 그 진술을 이어간다. 그리고 그 〈하동송림 찬가〉는 항용 여러 그리움과 사랑을 동반한다. 부정적 생각에서 긍정적 생각으로 슬픔에서 기쁨으로 불행에서 행복으로 생각을 전환시킨 촉진제 역할을 한다. 세월이 흐르면서 사람은 몸도 마음도 사랑도 모두가 변하기 마련인데 인간이 남긴 '명작'만은 시간의 흐름에도 변색 없는 감동과 울림을 유지하는 것이 문학이다.
　시가 언어의 꽃이라면 자연적으로 피는가 아니면 인위적으로 피는가 자연적이라면 언어의 틀을 벗어나 아무 곳에서나 난무할 것이고 인위적으로 피어난다면 한정된 곳에서만 피는 꽃이라 할 것이다. 그러나 언어가 사람간의 약속으로 발생한 무형의 몸짓이라고 한다면 언어는 어떻게 설명해도 자연적이 아닌 인위적인 행위라 할 것이다. 따라서 시는 인위적인 꽃으로 한정된 곳에서만 피어나고 한정된 사람이 피워낸다. 그러므로 시는 각자의 몫에 따라 유무형의 틀에서 모양과 향기가 전부 다르다 이것을 대하는 독자는 시인의 성향과 조각 솜씨에 각자의 감정을 시인의 감정에 맞춰 공감하든가 외면하는 부류로 나눠 작품의 높낮이를 판단한다. 불꽃처럼 요동치는 언어의 꽃을 피우려는 생을 보낸 것이다. 그 길의 험난함은 겉으로는 아무도 모른다.

  문학이 상상적 창의력의 산물이고 단어 하나라도 결코 소홀히 스쳐서는 안 된다고 생각하면 이 작품이 지니는 진실을 발견하게 될 것이다. 문학은 관념을 어떤 이미지를 통해서 구체화 할 때 매력이 상승 된다. 삭막한 도시 문명에 매몰되고 숨이 막혀가는 현대사회에서 이렇게 아름다운 자연의 기치를 전한 작품은 매우 소중한 것이다. 그의 작품에서 패러독스의 기법을 감지하면 그 특성이 지닌 무서운 비판 정신과 저항정신을 발견하게 된다.

  최중수 시인은 교단에서 학생을 일깨우는 의형의 매가 될 수 있는 정직한 시, 잠 깨우는 시, 생각하는 시, 영어바람에 미친 코맹맹이 문화사대주의 골빈 문화, 탐욕과 물질만능에 편승한 놀부시대의 저질문화에 도전하는 정화의 시, 소금의 시, 썩은 환부 도려내는 한글과 모국어의 지킴이 시인이다. 시인은 단어 하나 쉼표 하나에도 생명을 걸고 우주를 담는 그 책임성. 전력투구하는 성실성이 불바다를 이루고 있다. 한국문

단의 최고 그날을 기약하는 노력의 흔적 역력하니 칭찬이 결코 어렵지 않다.

　최증수 시인의 〈하동송림 찬가〉는 대표작으로 가사체 4·4조 형식 92연의 긴 시로써 경상남도 하동의 대표적 순수서정시인을 넘어 대한민국 최고의 순수서정시인으로서 자연사랑, 고향사랑의 많은 시집들 가운데 〈하동송림 찬가〉 시집이 백미라고 말할 수 있다. 김만중 〈서포만필〉에서 말한 우리나라 역대 최고의 문장이라 말한 송강 정철의 〈사미인곡〉, 〈속미인곡〉작품을 뛰어넘는 훌륭한 작품이라 생각한다.

| 부록 |

'태양송'으로 부릅시다

- 최증수

　최근 각 지방단체(시·군)는 자기 고장의 우수성을 알리기 위해 자연과 문화, 사람 등 모든 방면에서의 특색을 찾아 그 독창성과 고유성을 홍보하고 있다.
　한 예로 경북 봉화군에서는 태백산맥 남부 일대의 나무 수형이 좋고 재질이 좋으며 心材가 많고 붉은 소나무를 춘양목(春陽木)이니 금강송(金剛松)이니 하며 특별한 이름을 지어 적송을 소개하고 있다. 춘양목은 봉화군 소천면의 108본의 적송을 말하는데, 서울 사람들이 말하길 춘양역에서 싣고 온 소나무라는 뜻이고, 금강송은 금강산에서 이름을 따서 금강송이라고 불리우고 있다. 우리나라 적송은 일반 소나무와도 같은 품종이나 지역의 토질과 기후의 영향을 받아 우수한 소나무가 된 것으로 소나무와 금강송은 별개로 말하기 어렵다.
　우리 하동의 송림에는 800여 그루의 소나무가 식재되어 있는데 그 중 적송은 88%이며 적송의 붉은 줄기가 장관을 이루고 있다.

필자가 송림의 적송과 봉화군의 적송을 비교해 본 결과는 〈표1〉과 같다. 송림의 태양송과 봉화군의 금강송(춘양목)은 일반 소나무에 비해 줄기가 곧고 바르며, 마디가 길고, 위쪽 줄기의 껍질이 얇고 색깔이 유별나게 붉으며, 心材의 비율이 높아 단단하고 잘 썩지 않는다.

태양송과 금강송(춘양목)의 차이점은 줄기 위쪽의 껍질이 얇고 색이 붉은 것은 똑같고, 줄기 아래쪽 껍질이 서로 다른 것이 특색이다.

즉 '태양송'은 줄기 전체가 얇은 바늘껍질인데 비해 금강송(춘양목)은 줄기 윗부분만 얇은 비늘껍질일 뿐 줄기 아랫부분은 두꺼운 거북등 껍질이다.

따라서 태양송이 금강송(춘양목)보다 특별하고 우수한 적송이라고 감히 판단해 본다.

하동 송림에는 나무 전체의 껍질이 비늘인 '태양송'이 1번목과 2번목, 841번목을 포함하여 800여 그루가 있는데, 그중 한 그루는 나무 아래쪽 줄기는 흑갈색이고 위쪽 줄기는 붉은색이 선명하며 우리나라에서 가장 우수한 황장목(심재 85% 백변 15%)의 하나로 적송의 특색을 잘 나타내고 있어 보물 같은 귀한 소나무이고, 유난히 붉은색이 아름다운 양수이기에 '태양송'으로 이름 지어 본다.

차후에 전문가와 하동군청 관계자가 '태양송'의 가치를 알아보았으면 한다.(유전자 검사 - 요망)

그리고 만약에 송림의 적송을 '태양송'이란 새 이름을 지어 준다면 우리 하동을 빛내는 일이 되리라 본다.

〈표1〉
태양송과 금강송(춘양목)의 비교

구분	태양송	금강송(춘양목)
수피	수간하부(뿌리쪽) : 흑갈색으로 균열이 규칙적이며 뒤틀려있음 껍질이 비늘처럼 얇다. 수간상부(나무위쪽) : 황갈색, 비늘이 많음	수간하부(뿌리쪽) : 같음 껍질이 거북등처럼 생겼고, 두껍다. 수간상부(나무위쪽) : 같음
가지	구불구불하며, 길이가 짧음	같음
잎	잎이 짧으며 적다.	같음
재질	심재가 붉고 많으며 나무속이 진한 황갈색으로 넓고 가장 자리의 백변이 좁다.(황장목)	같음

※ 뿌리쪽 줄기의 껍질 : 태양송은 비늘처럼 얇다. 금강송(춘양목)은 거북등이고 두껍다.
※ 태양송과 금강송(춘양목)은 모두 적송으로 같은 품종이고 잘생겼으며 단지 태양송과 금강송(춘양목)은 일반 소나무에 비해 줄기가 곧고 바르며, 마디가 길고 위쪽의 껍질이 유별나게 붉다.
  차이점 : 태양송의 껍질은 줄기 전체가 얇은 비늘로, 줄기 아랫부분은 흑갈색이나 윗부분은 붉은색인데 비해 금강송(춘양목)은 줄기 아랫부분은 흑갈색으로 거북이 등처럼 생겼고 두꺼우며 줄기 윗부분은 붉은색 비늘 껍질이다.
  따라서 줄기(수간) 전체가 얇은 비늘로 된 태양송이 더 특별하고 귀한 적송이다.

※ **참고자료**
  『봉화군청 – '춘양목', '춘양목과 소나무의 비교'』
  『박상진 교수의 나무 이야기』
  『하동군청 – 하동송림 생태해설 프로그램』
  『인터넷 자료 – '금강송이란', '춘양목', '황장목', '소나무의 종류'』

하동송림 찬가

지은이 | 최증수
펴낸이 | 고현숙
펴낸곳 | 문학 **춘하추동**
초판 인쇄 | 2025년 6월 25일
초판 발행 | 2025년 6월 30일
등 록 | 2023년 7월 19일, 제 2023-000001호
주 소 | 52319 경상남도 하동군 횡천면 경서대로 1140(2층)
전 화 | 055-884-5407, 010-3013-2223
e-mail | munhakcnsgce@hanmail.net
ISBN 979-11-991320-1-6
ⓒ 2025, 최증수

* 책값은 뒤표지에 있습니다.
* 잘못 만들어진 책은 구입하신 서점에서 교환해 드립니다.
* 이 책 사진의 전부 또는 일부를 재사용하려면 반드시 저작권자와 문학춘하추동 양측의 동의를 받아야 합니다.
* 2025년 하동군 사계절 예술전시 및 문화예술창작활동지원사업 지원금을 보조 받아 발간하였습니다.